Th. Döring und D. Stahl

Institutionenökonomische Aspekte der Neuordnung des bundesstaatlichen Finanzausgleichs:
Anmerkungen zum Urteil des Bundesverfassungsgerichts über ein „Maßstäbegesetz" für den Länderfinanzausgleich vom 11. November 1999

Studien zur Ordnungsökonomik

Herausgegeben von

Prof. Dr. Alfred Schüller

*Marburger Gesellschaft für
Ordnungsfragen der Wirtschaft e.V.*

in Verbindung mit der

*Forschungsstelle zum Vergleich
wirtschaftlicher Lenkungssysteme
der Philipps-Universität Marburg*

Nr. 26: Institutionenökonomische Aspekte der Neuordnung des bundesstaatlichen Finanzausgleichs: Anmerkungen zum Urteil des Bundesverfassungsgerichts über ein „Maßstäbegesetz" für den Länderfinanzausgleich vom 11. November 1999

 Lucius & Lucius · Stuttgart · 2000

Institutionenökonomische Aspekte der Neuordnung des bundesstaatlichen Finanzausgleichs

Anmerkungen zum Urteil des Bundesverfassungsgerichts über ein „Maßstäbegesetz" für den Länderfinanzausgleich vom 11. November 1999

Von

Thomas Döring und **Dieter Stahl**

 Lucius & Lucius · Stuttgart · 2000

Anschrift der Autoren:

Dr. Thomas Döring
Philipps-Universität Marburg
Fachbereich Wirtschaftswissenschaften
Am Plan 2
D-35032 Marburg

Dr. Dieter Stahl
Finanzministerium Rheinland-Pfalz
Kaiser-Friedrich-Straße 5
D-55116 Mainz

Die Deutsche Bibliothek - CIP-Einheitsaufnahme

Ein Titeldatensatz für diese Publikation ist bei Der
Deutschen Bibliothek erhältlich

(Studien zur Ordnungsökonomik; 26)

ISBN 3-8282-0157-1

© Lucius & Lucius Verlags-GmbH • Stuttgart • 2000
Gerokstraße 51 • D-70184 Stuttgart

Das Werk einschließlich aller seiner Teile ist urheberrechtlich geschützt. Jede
Verwertung außerhalb der engen Grenzen des Urheberrechtsgesetzes ist ohne
Zustimmung des Verlages unzulässig und strafbar. Das gilt insbesondere für
Vervielfältigungen, Übersetzungen, Mikroverfilmung und die Einspeicherung
und Verarbeitung in elektronischen Systemen.

Druck und Einband: ROSCH-BUCH Druckerei GmbH, 96110 Scheßlitz
Printed in Germany

ISBN 3-8282-0157-1

Inhalt

Verzeichnis der Tabellen und Schemata VI

1. Der Ausgangspunkt: Verfassungswidrigkeit des bestehenden Länderfinanzausgleichsgesetzes 1

2. Grundzüge eines institutionenökonomischen Rahmens als Grundlage einer Neuordnung des Länderfinanzausgleichs 3

    2.1. Zur Notwendigkeit einer Ergänzung herkömmlicher finanzwissenschaftlicher Konzepte 3

    2.2. Ein institutionenökonomisches Konzept für die weitere Analyse 4

        2.2.1. Mögliche Ursachen der mangelnden Resonanz finanzwissenschaftlicher Politikberatung 6

            2.2.1.1. Inkongruenzen in der Problemdeutung zwischen Wissenschaft und Politik: Das Wahrnehmungsproblem 6

            2.2.1.2. Mangelnde Umsetzung ökonomisch zweckmäßiger Reformvorschläge: Das Implementationsproblem 8

        2.2.2. Bausteine einer institutionenorientierten Theorie der Wirtschafts- und Finanzpolitik 10

            2.2.2.1. Finanzpolitische Probleme als Ergebnis institutionenbezogener Interessenkonflikte 10

            2.2.2.2. Status-quo-Orientierung als Bezugspunkt für die Gestaltung politischer Reformen 12

            2.2.2.3. Ausrichtung am Konsensprinzip als Maßstab implementationsfähiger Reformvorschläge 14

            2.2.2.4. Verwendung von sozialen Dilemmastrukturen als Analysekonzept 17

            2.2.2.5. Berücksichtigung von institutionellen Pfadabhängigkeiten 19

3. Einige institutionenökonomische Folgerungen für die Neugestaltung des Finanzausgleichssystems 21

    3.1. Bei der Neuordnung des Finanzausgleichssystems zu beachtende Grundsätze 21

    3.2. Die Verteilung des Umsatzsteueraufkommens zwischen Bund und Ländern 22

        3.2.1. Das bestehende Verfahren der Umsatzsteuerverteilung als Dilemmasituation .. 23

3.2.2. Mögliche Lösungen der bestehenden Dilemmasituation bei der Verteilung des Umsatzsteueraufkommens 26

3.3. Der horizontale Finanzausgleich unter den Ländern 29

3.3.1. Die bestehende Ausgestaltung des horizontalen Finanzausgleichs als Dilemmasituation 30

3.3.2. Mögliche Auswege aus der bestehenden Dilemmasituation im horizontalen Finanzausgleich 33

3.4. Die Ergänzungszuweisungen des Bundes an die Länder 36

4. Zusammenfassung der Ergebnisse 39

Literaturverzeichnis 41

Kurzfassung 47

Abstract 47

Verzeichnis der Tabellen und Schemata

Tabelle 1: Anforderungen an die Neuordnung des Finanzausgleichssystems aus institutionenökonomischer Sicht 22

Tabelle 2: Die vier Stufen des Steuerverteilungs- und Ausgleichssystems im Finanzausgleich 24/25

Schema 1: Das Zusammenspiel zwischen Bund und Ländergesamtheit bei der vertikalen Verteilung des Umsatzsteueraufkommens 25

Schema 2: Das Zusammenspiel zwischen „reichen" und „armen" Ländern im horizontalen Länderfinanzausgleich 32

1. Der Ausgangspunkt: Verfassungswidrigkeit des bestehenden Länderfinanzausgleichsgesetzes

Das Bundesverfassungsgericht hat in seinem Urteil vom 11. November 1999 zum Länderfinanzausgleich aufgrund der Normenkontrollklage der Länder Bayern, Baden-Württemberg und Hessen festgestellt, daß einige der gegenwärtigen Regelungen des Finanzausgleichsgesetzes nicht mehr in Einklang mit dem Grundgesetz stehen. Nach der Entscheidung des Gerichts (*BVerfG* 1999, S. 112f.) sind die geltenden Regeln nur noch für eine Übergangsphase bis Ende des Jahres 2004 anwendbar, wobei der Gesetzgeber aufgerufen ist, bis zum 31. Dezember 2002 allgemeine Grundsätze für die Konkretisierung der Umsatzsteuerverteilung zwischen Bund und Ländern sowie des fiskalischen Ausgleichssystems zwischen den Ländern zu benennen. Soweit diese Grundsätze nicht bis zum 1. Januar 2003 gesetzlich geregelt sind, gilt das bisherige Finanzausgleichsgesetz als verfassungswidrig. Für den Fall, daß es zu einer rechtzeitigen Verabschiedung eines solchen Gesetzes kommt, ist der Länderfinanzausgleich bis zum 31. Dezember 2004 neu zu regeln. Bei einer nicht fristgerechten Neuregelung gilt das bestehende Finanzausgleichsgesetz ab 1. Januar 2005 als inkonform mit dem Grundgesetz. Damit wäre den Regelungen der Umsatzsteuerverteilung sowie des fiskalischen Ausgleichs im Rahmen des Länderfinanzausgleichs für die Zukunft die Rechtsgrundlage entzogen.[1]

Die Kritik des Bundesverfassungsgerichts am Finanzausgleichsgesetz richtet sich weniger gegen dessen Inhalt als solchen. Es wird vielmehr die bisherige Vorgehensweise bei der Gestaltung der Regelungen des Finanzausgleichs bemängelt, die als das Ergebnis „schlichter politischer Kompromisse mit nur geringer sachlicher Fundierung" (*Renzsch* 1999a, S. 716) gewertet werden. Bereits in früheren Urteilen hatte das Bundesverfassungsgericht darauf hingewiesen, daß politische Mehrheitsentscheidungen noch keine hinreichende Legitimation für Finanzausgleichsregelungen seien. Als notwendige Bedingung für die rechtliche Gültigkeit wird vielmehr gefordert, daß sich die Verteilung des Steueraufkommens im Bundesstaat an rationalen Begründungen und objektivierbaren Indikatoren orientiert.

Vor diesem Hintergrund verlangt das Gericht vom Gesetzgeber eine vollständige Überarbeitung des bestehenden Finanzausgleichs mit dem Ziel, das Ausgleichssystem transparenter, nachvollziehbarer und weniger streitanfällig als bisher zu gestalten. Im Kern geht es dabei um die Formulierung eines „den Gesetzgeber selbst bindenden maßstabgebenden Gesetzes (Maßstäbegesetz)" (*BVerfG* 1999, S. 83), welches dazu dient, das in der Finanzverfassung nur mittels unbestimmter Rechtsbegriffe festgelegte vierstufige Steuerverteilungs- und Ausgleichssystem zu konkretisieren und zu ergänzen. Dies betrifft (1) die vertikale Umsatzsteuerverteilung zwischen Bund und Ländergesamtheit, (2) die Gewährung von Umsatzsteuerergänzungsanteilen, (3) die Konkretisierung von Ausgleichsansprüchen und Ausgleichspflichten im Länderfinanzausgleich im engeren Sinne sowie (4) die Begründung von Bundesergänzungszuweisungen nach Art und Umfang. Die genannten vier Elemente sind nach Auffassung des Gerichts als ein einheitliches, „verfassungsrechtlich normiertes

---

[1] Vgl. hierzu *BVerfG* (1999). Zu ersten Bewertungen dieses Urteils aus wissenschaftlicher Sicht siehe *Peffekoven* (1999), *Renzsch* (1999a), *Henneke* (1999) sowie *Kroll* (2000).

Gefüge" zu sehen (*BVerfG* 1999, S. 79). Eine Überprüfung und etwaige Neuregelung nur eines der genannten Elemente würde somit der Intention des Urteils widersprechen.

Im Ergebnis genügt dem Gesetzgebungsauftrag zur Neugestaltung dieses vierstufigen Finanzausgleichssystems nur ein Gesetz, welches „unabhängig von wechselnden Ausgleichsbedürfnissen und von konkreten Zuteilungs- und Ausgleichssummen langfristig anwendbare Maßstäbe bestimmt, aus denen dann die konkreten, in Zahlen gefassten Zuteilungs- und Ausgleichsfolgen abgeleitet werden können" (*BVerfG* 1999, S. 80). Dabei ist entscheidend, daß die Maßstäbe, an denen sich zukünftige Finanzausgleichsgesetze zu orientieren haben, auf Dauer angelegt sind, um auf diese Weise ein Instrument zur Selbstbindung und zur Kontrolle der betroffenen politischen Akteure zur Verfügung zu stellen. Anders formuliert geht es aus Sicht des Gerichts darum, eine rein „interessenbestimmte Verständigung über Geldsummen" (*BVerfG* 1999, S. 83), insbesondere wenn diese die Gefahr der Benachteiligung von Minderheiten durch interessengebundene Mehrheitsentscheidungen enthält, prinzipiell auszuschließen oder doch zumindest erheblich zu erschweren. An die Stelle der bisherigen Praxis des Aushandelns von Finanztransfers auf der Basis der aktuell gegebenen Interessen der beteiligten politischen Akteure sollen Regeln treten, welche dem klassischen Muster des zeitlichen „Vor-Rangs und Vor-Behalts des Gesetzes" (*BVerfG* 1999, S. 85) genügen.

Mit der darin zum Ausdruck kommenden „Vorherigkeit des Maßstäbegesetzes" verbindet sich für das Bundesverfassungsgericht (*BVerfG* 1999, S. 84) eine klare Differenzierung zwischen einer an tagespolitischen Interessen ausgerichteten Sicht und einer im Unterschied dazu „institutionellen Verfassungsorientierung", aus der heraus Verteilungsgrundsätze entwickelt werden sollen, ohne dabei den konkreten Anwendungsfall schon vor Augen zu haben. Vielmehr geht es darum, solche Regeln zu formulieren, die im Idealfall als ein zeitunabhängiger Orientierungsrahmen für die Ausgestaltung konkreter Finanzausgleichsgesetze dienen. Die in diesem Zusammenhang vom Gericht (*BVerfG* 1999, S. 84) eingeforderte, möglichst weitgehende Annäherung an die *Rawls*sche Vorstellung eines „Schleiers des Nichtwissens" (*Rawls* 1971/1994) bei der Benennung adäquater Maßstäbe für die zukünftige Gestaltung des Finanzausgleichs verweist auf die auch in institutionenökonomischer Perspektive gängige Unterscheidung zwischen der Entscheidung über Regeln („choice among rules") und dem alltäglichen Entscheidungsverhalten innerhalb dieser Regeln („choice within rules"). Nicht zuletzt die Bezugnahme auf diese Unterscheidung legt es nahe, ergänzend zu der vom Bundesverfassungsgericht (*BVerfG* 1999, S. 80) explizit geforderten Berücksichtigung der relevanten „finanzwissenschaftlichen Erkenntnisse" auch institutionenökonomische Überlegungen mit einzubeziehen, um zusätzliche Anhaltspunkte für eine zweckmäßige Neugestaltung des Länderfinanzausgleich zu gewinnen.

Zu diesem Zweck soll im vorliegenden Beitrag zunächst in einem ersten Schritt ein institutionenökonomischer Rahmen entwickelt werden, der es erlaubt, eine Reihe von Anforderungen zu benennen, die bei der Gestaltung gesellschaftlicher Regeln im allgemeinen eingehalten werden sollten, um einen höheren Grad an ökonomischer Effizienz wie an politischer Legitimität solcher Regeln zu gewährleisten (Teil II). Da sich mit der Entwicklung dieses Rahmens im Sinne von Bausteinen einer institutionenorientierten Theorie der Wirtschafts- und Finanzpolitik eine zu herkömmlichen finanzwissenschaftlichen Konzepten neue Sichtweise verbindet, wird den Ausführungen dieses Teils bewußt ein breiter Raum eingeräumt. Auf der Grundlage der aus diesem Konzept resultierenden allgemeinen Anforderungen soll dann in einem zweiten Schritt der Versuch unternommen werden, in Ergänzung und Erweiterung zu bekannten finanzwissenschaftlichen Überlegungen einen Beitrag zur Neuordnung des Finanzausgleichs zu leisten, wie dies vom Bundesverfassungsgericht gefordert wird (Teil III). Dabei geht es sowohl um eine ökonomische Konkretisierung der Sichtweise des Bundesverfassungsgerichts als auch um dessen Korrektur, wo dies aus der Perspektive einer institutionenorientierten Theorie der Wirtschafts- und Finanzpolitik ratsam erscheint.

2. Grundzüge eines institutionenökonomischen Rahmens als Grundlage einer Neuordnung des Länderfinanzausgleichs

2.1. Zur Notwendigkeit einer Ergänzung herkömmlicher finanzwissenschaftlicher Konzepte

Seit Gründung der Bundesrepublik Deutschland im Jahre 1949 zählt die Ausgestaltung des bundesstaatlichen Finanzausgleichs zu jenen Konfliktfeldern im Bereich der Finanzverfassung, auf denen trotz wiederholter politischer Auseinandersetzungen nach wie vor keine längerfristig befriedigende Problemlösung gefunden werden konnte. Dies betrifft sowohl die Verteilung von politischen Zuständigkeiten (Aufgaben, Ausgaben und Einnahmen) zwischen den verschiedenen Staatsebenen (vertikaler Finanzausgleich) als auch die Ausgestaltung fiskalischer Ausgleichsmechanismen auf der Ebene der Länder (horizontaler Finanzausgleich). Betrachtet man dabei allein die Diskussion der vergangenen fünfzehn Jahre, mangelt es nicht an Reformvorschlägen[2], die auf Ineffizienzen in den bestehenden institutionellen Strukturen des vertikalen und horizontalen Finanzausgleichs verweisen. Dies gilt nicht zuletzt auch für die nach dem Urteil des Bundesverfassungsgerichts vom 11. November 1999 zu führende Auseinandersetzung um die angemessene Ausgestaltung des Länderfinanzausgleichs. Konzentriert man sich auf die von wissenschaftlicher Seite vorgetragenen Reformkonzepte, so muß man allerdings feststellen, daß sie bislang politisch weitgehend ohne Wirkung geblieben sind.

Aus Sicht von Ökonomen drängt sich nicht selten folgender Eindruck auf: Es zählt erstens zu den inhärenten Eigenschaften des politischen Prozesses Lösungen zu beschließen, die im Widerspruch zu grundlegenden ökonomischen Prinzipien stehen. Es ist zweitens der Ignoranz der verantwortlichen Politiker zuzuschreiben, wenn ökonomisch rationalen Beratungsangeboten nicht gefolgt wird. Es mag für diese Sichtweise einige Gründe geben. Sie birgt allerdings die Gefahr, daß für Mißerfolge (finanz-)wissenschaftlicher Politikberatung einseitig auf Defizite im Bereich des politischen Systems verwiesen wird. Mit dem vorliegenden Beitrag soll demgegenüber – zumindest in ersten Überlegungen – eine andere Sichtweise in den Vordergrund gerückt werden: Ausgangspunkt ist folgende These: Die

---

[2] Ohne Anspruch auf Vollständigkeit sei auf folgende Arbeiten verwiesen: *Wissenschaftlicher Beirat beim Bundesministerium der Finanzen* (1992), *Peffekoven* (1994), *Quantz* (1995), *Häde* (1996), *Homburg* (1996), *Schmidt* (1996), *Hirte* (1996), *Sachverständigenrat zur Begutachtung der gesamtwirtschaftlichen Entwicklung* (1997, 1992), *Korioth* (1997), *Ottnad/Linnartz* (1997), *Suntum* (1997), *Arndt* (1998, 1997), *Peffekoven* (1998), *Huber* (1998), *Bösinger* (1999), *Hidien* (1999).

bisherige finanzwissenschaftliche Politikberatung läßt häufig die Frage nach der politischen Umsetzungsfähigkeit von Reformvorschlägen unberücksichtigt. Reformvorschläge sollten jedoch nicht allein (föderalismus-)theoretisch schlüssig konstruiert sein. Sie sollten ebenso die Restriktionen in Rechnung stellen, denen die politischen Akteure unterliegen, ohne die ökonomisch zielgerechte Richtung des Reformprozesses aus dem Auge zu verlieren. So ist eine Vielzahl von finanzwissenschaftlichen Vorschlägen zur Reform des Finanzföderalismus in Deutschland insoweit unvollkommen, als hierzu das für demokratisch verfaßte Gesellschaften zentrale Kriterium der politischen Zustimmungsfähigkeit unberücksichtigt bleibt.

Hinzu kommt des weiteren, daß ökonomisch als reformbedürftig bewertete politische Strukturen häufig das Ergebnis einer historischen Entwicklung sind. Diese läßt sich als pfadabhängiger, langfristig angelegter Evolutionsprozeß deuten. Die daraus entstandenen politischen und konstitutionellen Rahmenbedingungen können dem Handlungsspielraum der relevanten politischen Akteure erhebliche Grenzen setzen. Einmal unter politischem Konsens vollzogene institutionelle Entwicklungsprozesse erweisen sich in der politischen Praxis nicht selten als vergleichsweise „widerstandsfähig" gegenüber zukünftigen Reformentscheidungen. Sie prägen darüber hinaus den Erfahrungshorizont der politischen Akteure und damit ihr aktuelles Denken und Handeln. Bestehende politische Strukturen können also kurzfristig nur in seltenen Fällen radikal verändert werden. Diese Eigenschaften von Prozessen des institutionellen Wandels beeinflussen nicht allein das Handlungsfeld der Politiker. Sie sind ebenso bei einer finanzwissenschaftlichen Politikberatung zu berücksichtigen, die auf politisch durchsetzungsfähige Reformvorschläge zielt.

Die heutige Praxis der ökonomischen Politikberatung stößt nicht allein im finanzwissenschaftlichen Bereich auf Unzufriedenheit. Es scheint sich vielmehr um ein grundlegendes Problem wirtschafts- und finanzpolitischer Beratung in der Demokratie zu handeln. Hierauf deuten eine Reihe in jüngerer Zeit publizierter Beiträge hin.[3] Es wird dort mehrheitlich die in Deutschland bestehende Organisationsstruktur der Politikberatung kritisiert. Darauf aufbauend werden alternative Strategien und institutionelle Reformen der Politikberatung eingefordert. Im Unterschied zu diesen Beiträgen will die vorliegende Untersuchung nicht durch organisatorische Reformvorschläge, sondern durch eine inhaltliche Ergänzung bestehender theoretischer Konzepte, die in aller Regel die Grundlage für wirtschaftswissenschaftliche Politikempfehlungen liefern, zur Überwindung dieses „Politikberatungsversagens" beitragen. Zu diesem Zweck wird am Beispiel der vom Bundesverfassungsgericht geforderten Neuordnung des Länderfinanzausgleichs versucht, herkömmliche finanzwissenschaftliche Konzepte durch neuere institutionenökonomische Ansätze zu erweitern.

2.2. Ein institutionenökonomisches Konzept für die weitere Analyse

Die ökonomische Analyse gesellschaftlicher Institutionen – ihrer Entstehung, ihrer Funktionsweise sowie ihres Wandels – stellt ein vergleichsweise junges, heterogenes Forschungsfeld dar, das sich in verschiedenen Richtungen kontinuierlich weiterentwickelt. Der Begriff der „Neuen Institutionenökonomik" dient als Klammer für eine Reihe von Ansät-

---

3   Vgl. hierzu etwa *Krupp* (1999), *Weizsäcker* (1999), *Schatz* (1999), *Priddat* (1999), *Kirchgässner* (1999), *Apolte/Wilke* (1998), *Koch* (1998), *Wegner* (1997).

zen mit divergierender Problemsicht und theoriegeschichtlicher Entwicklung, die sich unterschiedlich weit von der Neoklassik entfernt haben.[4] Als dem Bereich der Neuen Institutionenökonomik zuzurechnende Ansätze seien hier die Theorie der Verfügungsrechte, die Transaktions-kostenökonomik, die ökonomische Vertragstheorie, die Agency-Theorie, die Konstitutionenökonomik sowie die ökonomische Theorie des institutionellen Wandels genannt. Dabei handelt es sich jedoch weniger um konkurrierende, als vielmehr um komplementäre, sich inhaltlich teilweise überschneidende und wechselseitig ergänzende Forschungsprogramme (siehe als Überblick *Erlei/Leschke/Sauerland* 1999; *Richter/Furubotn* 1999).[5] Der Erkenntnisbereich institutionenökonomischer Ansätze ist durch die Analyse der unterschiedlichsten gesellschaftlichen Institutionen in den letzten Jahrzehnten erheblich erweitert worden (*Nowak* 1999, S. 148). Dies betrifft vor allem die Anwendung auf den Bereich des öffentlichen Sektors in Form einer systematischen Analyse der Wirkungen oder der Gestaltung staatlicher Institutionen. Die Neue Institutionenökonomik enthält damit nicht nur Elemente einer institutionenorientierten Wirtschafts- und Finanzpolitik. Sie liefert darüber hinaus auch die Grundlage für eine finanzwissenschaftliche Politikberatung, die – wie im Falle des Länderfinanzausgleichs – auf die Bewältigung von institutionellen Problemen innerhalb des Staates selbst ausgerichtet ist. Dies gilt unabhängig davon, daß eine systematische Politikberatung auf der Grundlage institutionenökonomischer Ansätze bislang nach wie vor die Ausnahme darstellt.

Mit den nachfolgenden Überlegungen wird also gerade in ihrer Anwendung auf den Bereich des Finanzausgleichs „wissenschaftliches Neuland" betreten.[6] Es werden dabei nicht einzelne institutionenökonomische Ansätze auf ihre Relevanz für finanzwissenschaftliche Probleme geprüft. Vielmehr soll in einer synthetisierenden Perspektive auf verschiedene Einzelüberlegungen dieser Ansätze zurückgegriffen werden, um zum einen die Ursachen des weiter oben plakativ als „Politikberatungsversagen" umschriebenen Phänomens näher zu beleuchten. Zum anderen lassen sich aus diesen Einzelüberlegungen Bausteine einer institutionenorientierten Theorie der Wirtschafts- und Finanzpolitik gewinnen, die eine theoretische Lösung für dieses Problem enthalten

---

[4] Siehe hierzu etwa den Beitrag von *Reuter* (1994). Während ein Teil der institutionenökonomischen Ansätze nach wie vor an der Methodik der Neoklassik orientiert ist, sehen andere Ansätze in wichtigen Punkten methodische Ergänzungen und Erweiterungen vor. Eine klare Bestimmung des Verhältnisses zur Neoklassik ist dabei allerdings nicht immer möglich. Der Begriff „Neue Institutionenökonomik" dient hier als Abgrenzung zum „älteren" Institutionalismus in der Ökonomie, wie er etwa durch die deutsche Historische Schule, die Österreichische Schule, die Freiburger Schule oder den Amerikanischen Institutionalismus vertreten wurde. Letztere sind zwar wie die Ansätze im Rahmen der Neuen Institutionenökonomik auf die Analyse von Institutionen konzentriert, ohne jedoch eine vergleichbare gedankliche Geschlossenheit aufbieten zu können (siehe *Erlei/Leschke/Sauerland* 1999, S. 41).

[5] Eine Bündelung institutionenökonomischer Beiträge stellt der Ansatz der „Normativen Institutionenökonomik" dar, wie er von *Gerecke* (1998), *Homann* (1994, 1999) oder auch *Pies* (1993, 1999) vertreten wird.

[6] Dies gilt nicht für alle der Neuen Institutionenökonomik zugerechneten Ansätze in gleicher Weise. So liefert etwa die von *Buchanan* (mit)begründete Verfassungsökonomik sehr wohl Erkenntnisse, die von ihren bisherigen Anwendungsfeldern für eine finanzwissenschaftliche Politikberatung unmittelbar relevant sind.

2.2.1. Mögliche Ursachen der mangelnden Resonanz finanzwissenschaftlicher Politikberatung

In der aktuellen Diskussion um eine Verbesserung wirtschaftswissenschaftlicher Politikberatung wird unter anderem auf zwei grundlegende Probleme hingewiesen. Die Defizite traditioneller Konzepte finanzpolitischer Gestaltungsempfehlungen lassen sich aus dieser Perspektive darauf zurückführen, daß beiden Problemen theoretisch nicht in angemessener Form Rechnung getragen wird. Es kann dabei systematisch zwischen einem *Wahrnehmungsproblem* und einem *Implementationsproblem* unterschieden werden. Beide Problemdimensionen bedürfen einer genaueren Darstellung. Im erstgenannten Fall handelt es sich um mögliche Inkongruenzen in den Problemsichten zwischen Politikern und Wirtschaftswissenschaftlern als Ursache einer mangelnden Resonanz ökonomischer Politikempfehlungen. Im zweiten Fall können die spezifischen politischen Rahmenbedingungen dafür sorgen, daß ökonomisch als zweckmäßig erachtete Reformvorschläge nicht umgesetzt werden.

2.2.1.1. Inkongruenzen in der Problemdeutung zwischen Wissenschaft und Politik: Das Wahrnehmungsproblem

Folgt man den Verhaltenshypothesen in der Neuen Institutionenökonomik (siehe den Überblick bei *Karpe* 1999), so kann die mangelnde Resonanz wirtschaftswissenschaftlicher Beratungsangebote im politischen System zum einen auf die begrenzte Rationalität („bounded rationality") der politischen Akteure zurückgeführt werden. Sie können zu wahrnehmungs- und wissensbedingten Divergenzen in den Situations- und Problemdeutungen zwischen Ökonomen und Politikern führen, die eine Umsetzung ökonomischer Gestaltungsempfehlungen verhindern. Individuen verfügen nach diesem Konzept lediglich über eine begrenzte Fähigkeit und Bereitschaft zur Informationsverarbeitung (grundlegend *Simon* 1978; siehe als neueren Beitrag *Lindenberg* 1998). Dies kann dazu führen, daß die Akteure – gemessen an den objektiven Gegebenheiten – nicht in der Lage sind, Situationen sachgerecht zu erfassen.

Begrenzt rationale Akteure beschaffen und nutzen Informationen bei der Einschätzung von Konsequenzen ihrer Handlungsalternativen selektiv. Welches Informations- und Entscheidungsmuster letztlich gewählt wird und wie viele Informationen welcher Art letztlich eingeholt werden, hängt dabei nicht nur von der Höhe der Kosten ab, die mit der Beschaffung und Verarbeitung von Informationen verbunden sind. Entscheidend sind auch die Opportunitätskosten probleminadäquater Entscheidungen, deren Höhe aus institutionenökonomischer Sicht – analog den Verhältnissen auf funktionierenden Privatmärkten – vor allem von den situativen Konkurrenzbeziehungen zwischen den politischen Akteuren beeinflußt wird. Je intensiver der (politische) Wettbewerb, desto höher sind in einer Demokratie die Kosten politischer Fehlentscheidungen in Form einer abnehmenden Wählergunst, desto größer sind aber auch die Anreize, solche suboptimalen Entscheidungen zu vermeiden und intensiv nach bislang noch nicht verfügbaren entscheidungsrelevanten Informationen zu suchen. Zumindest mit Blick auf das bestehende System des bundesstaatlichen Finanzausgleichs in seiner Gesamtheit ist ein intensiver politischer Wettbewerb zwischen Bundes- und Landespolitikern sowie zwischen den Regierungen der Länder untereinander eher die Ausnahme als die Regel. Vielmehr müssen – bedingt durch die föderale Aufgabenverteilung – Bund und Länder sowie die Länder untereinander in einem Verbundsystem, in dem der Bund die Gesetzgebung dominiert und die Länder die meisten Bundesgesetze vollziehen, eng zusammenarbeiten (siehe hierzu ausführlich *Döring* 2000, S. 58ff.).

Zum anderen kann aber auch sogenanntes „irrationales", durch Ideologien beeinflußtes Verhalten, wie es im sogenannten Konzept „mentaler Modelle" unterstellt wird (siehe grundlegend *Denzau/North* 1994; siehe auch *North* 1999), zu Divergenzen in der Problemdeutung zwischen Wissenschaft und Politik führen.[7] Ausgangspunkt dieses Konzeptes ist die Auffassung, daß menschliche Bewertungen und Entscheidungen durch einen subjektiven Wahrnehmungsfilter laufen. Alle Akteure – und damit auch Politiker – interpretieren gesellschaftliche Phänomene anhand eigener Wahrnehmungs- und Interpretationskategorien, die durch das gesellschaftskulturelle Umfeld geprägt und auf dem Wege individueller Sozialisationsprozesse vermittelt werden. „Objektive" Situationsgegebenheiten werden demnach nie an sich wahrgenommen, sondern immer mit den bereits vorhandenen mentalen Modellen in Verbindung gesetzt, die subjektiv divergieren können. Insbesondere in komplex strukturierten Entscheidungssituationen, wie sie gerade auch für politische Reformvorhaben – so auch die Neuordnung des Länderfinanzausgleichs – typisch sind, wird subjektiven Problemdeutungen maßgebliche Bedeutung beigemessen. In dem Maße, wie dabei Menschen auch dauerhaft an „fehlbewertenden" mentalen Modellen festhalten, geht dieses Verhaltensmodell über die Annahme beschränkter Rationalität hinaus. Die Problem- und Situationsdeutungen von Ökonomen und Politikern können damit über einen längeren Zeitraum divergieren, ohne daß es zu einer nennenswerten Annäherung der jeweiligen „Weltsichten" kommt.

Bezogen auf die aktuelle Auseinandersetzung um die zukünftige Ausgestaltung des Länderfinanzausgleichs sind die divergierenden Problemsichten zwischen Ökonomen auf der einen Seite und Politikern auf der anderen Seite offensichtlich.[8] So besteht etwa eine Inkongruenz in den Realitätssichten dahingehend, daß Ökonomen in aller Regel die bestehenden Strukturen des Finanzausgleichs anhand von Effizienzkategorien wahrnehmen und bewerten, während die politischen Akteure zumindest mehrheitlich in Verteilungskategorien denken (siehe etwa *Zimmermann* 1996, S. 47ff.). Während Ökonomen ein besonderes

---

[7] In ähnlicher Weise versuchen auch evolutorisch orientierte Arbeiten zu erklären, warum aus ökonomischer Sicht als zweckmäßig erachtete wirtschafts- und finanzpolitische Gestaltungsvorschläge im politischen Prozeß bisweilen auf keine oder eine nur geringe Resonanz stoßen. Über eine Beschreibung des „wirtschaftspolitischen Prozesses" hinaus enthalten diese Arbeiten allerdings in der Regel kein normatives Bezugsraster für die Ausgestaltung finanzpolitischer Reformvorschläge und damit keinen Hinweis darauf, wie die einleitend beschriebene Defizite in der bisherigen Praxis finanzwissenschaftlicher Politikberatung überwunden werden könnten (siehe hierzu etwa *Meier/Slembeck* 1998; *Slembeck* 1997; *Koch* 1996 und 1998).

[8] Es sei hier nur am Rande angemerkt, daß nicht nur zwischen Ökonomen und Politikern divergierende Problemsichten bestehen können, sondern solche Unterschiede in den Interpretationsschemata gesellschaftlicher Phänomene auch innerhalb der Wissenschaft anzutreffen sind. So bewerten etwa Juristen oder Politikwissenschaftler im Vergleich zu Ökonomen die bestehenden Probleme des bundesstaatlichen Finanzausgleichssystems in aller Regel anhand unterschiedlicher Kategorien, was im Ergebnis auch zu einer anderen Einschätzung des aktuellen Reformbedarfs führt. Vgl. hierzu etwa die durchaus von einander abweichenden Kommentare von *Peffekoven* (1999), *Renzsch* (1999a) und *Kroll* (2000) mit Blick auf das Urteil des Bundesverfassungsgericht zum Länderfinanzausgleich vom 11. November 1999.

Gewicht in ihrer Betrachtungsweise auf die vom bestehenden Länderfinanzausgleich ausgehenden allokativen Verzerrungen legen, sind Politiker im Zusammenhang mit Ausgestaltungsfragen des Finanzausgleichs – pointiert formuliert – in erster Linie an einer hinreichenden Einnahmenausstattung zur Erfüllung der ihnen qua Grundgesetz zugewiesenen öffentlichen Aufgaben interessiert. Folgt die ökonomische Sichtweise häufig explizit oder auch implizit dem theoretischen Idealbild einer „optimalen" Ausgestaltung des Länderfinanzausgleichs, so ist das „Wahrnehmungsschema" der Politik zumindest mehrheitlich durch eine „pragmatische Grundhaltung" geprägt, die sich nicht unbedingt an der Effizienz, sondern an der Funktionalität politischer Lösungen orientiert.

Übertragen auf die Formulierung finanzwissenschaftlicher Reformvorschläge resultieren aus den zurückliegenden Überlegungen zwei Zielsetzungen: Zum einen gilt es die spezifische Weltsicht der politischen Akteure als relevante Restriktion zu berücksichtigen und damit ernst zu nehmen. Zum anderen ist – ausgehend von ökonomisch als rational eingestuften Lösungen – in einem Prozeß permanenter wissenschaftlicher Aufklärung nach solchen Problemdeutungen zu suchen, die zu einer gemeinsamen Situationsinterpretation zwischen Wissenschaft und Politik beitragen können

2.2.1.2. Mangelnde Umsetzung ökonomisch zweckmäßiger Reformvorschläge: Das Implementationsproblem

Aber auch für den Fall, daß zwischen Wissenschaft und Politik ein Konsens in der Problemdeutung besteht, ist aus institutionenökonomischer Sicht noch keineswegs gewährleistet, daß die von Seiten der Wissenschaft aufgezeigten Problemlösungen von den verantwortlichen politischen Akteuren auch tatsächlich aufgegriffen und umgesetzt werden. Im Sinne des Prinzipal-Agent-Modells verfügen Politiker über Handlungsspielräume zur Verfolgung eigener Interessen. Sie sind eingebunden in „Machtspiele", wobei es in demokratisch verfaßten Systemen ihr primäres Interesse ist, wiedergewählt zu werden. Hier besteht ein enger Bezug zur Neuen Politischen Ökonomie (siehe grundlegend *Downs* 1957). So muß in der Politik – nicht anders als in anderen Lebensbereichen – mit einer opportunistischen Vorteilssuche gerechnet werden, wobei vorsätzliche Täuschungen der Interaktionspartner mittels Lüge, Betrug und Diebstahl nicht ausgeschlossen sind, soweit davon Vorteile im politischen Prozeß erwartet werden.[9]

Folgt man dieser Perspektive, so interessiert den Politiker die wirtschaftswissenschaftliche Beratung systematisch nur insofern, wie sie seine Machtposition aufrechtzuerhalten oder auszubauen hilft. Ökonomischen Beratungsangeboten kommt hierbei zunächst nur der Status von Beweisführungen im politischen Diskurs neben anderen zu, wobei es keine Garantie dafür gibt, daß die ökonomisch schlüssigen Beweisführungen dominieren. Um ihre Machtposition zu erhalten und auszubauen, versuchen Politiker unter der Restriktion eines demokratisch verfaßten Systems ihre Entscheidungen an den Präferenzen potentieller Wähler auszurichten. Nicht die wissenschaftlichen Empfehlungen an sich, sondern die Möglichkeit, Wähler zu gewinnen, sind somit der relevante Bezugspunkt politischen Den-

---

9 *Williamson* (1985, S. 47) spricht in diesem Zusammenhang von „self-interest-seeking with guile".

kens und Handelns.¹⁰ Eine Nachfrage nach ökonomischer Politikberatung entsteht hier noch am ehesten unter der Bedingung, daß die Politiker die Wünsche der Wähler gar nicht oder nur unzureichend kennen (siehe *Priddat* 1999, S. 151; siehe auch *Frey* 2000, S. 18).

Das Implementationsproblem wird noch dadurch verstärkt, wenn man – wie aus institutionenökonomischer Sicht üblich – berücksichtigt, daß in repräsentativen Demokratien die Höhe der politischen Überwachungs- bzw. Kontrollkosten (Agency-Kosten) ein opportunistisches Verhalten von Politikern zusätzlich begünstigt. Der Handlungsspielraum, der Politikern aufgrund einer nur unzureichenden Bindung an den Wählerwillen verbleibt, kann von diesen dazu ausgenutzt werden, um eine Politik zu betreiben, die ihren Eigeninteressen entspricht, auch wenn sie dabei gegen den Wählerwillen verstoßen (*Feldmann* 1999, S. 220f.).

Neben diesen allgemeinen Überlegungen zum Verhalten von Politikern dürfte allerdings mit Blick auf die aktuelle Auseinandersetzung um die Neuordnung des Länderfinanzausgleichs eine noch weitergehende Differenzierung der relevanten Restriktionen wichtiger sein, denen Politiker – hier: Bundes- und Landespolitiker – unterliegen. So wird deren Handlungsspielraum nicht allein durch die Höhe der politischen Überwachungs- bzw. Kontrollkosten bestimmt. Zusätzlich – wenn nicht sogar in erster Linie – sind auch die „Eigeninteressen" der jeweiligen Staatsebene bzw. Gebietskörperschaft als weitere Restriktion in Rechnung zu stellen.¹¹ So vertreten etwa Bundespolitiker bzw. Bundesbeamte in finanzpolitischen Verhandlungsrunden weniger gesamtstaatliche Interessen, sondern vor allem die spezifischen „Interessen" des Bundes. Gleiches gilt für die Länderebene insgesamt, aber auch für die Interessenlagen der „alten" Länder im Unterschied zu den „neuen" Ländern oder der „finanzkräftigen" Länder im Unterschied zu den „finanzschwachen" Ländern. Eine finanzwissenschaftliche Politikberatung, die die Wahrscheinlichkeit der Umsetzung von Reformvorschlägen im Bereich des Länderfinanzausgleichs zu erhöhen versucht, hat auch dies zu berücksichtigen. Andernfalls bliebe sie (lediglich) auf die Funktion einer bloßen Kritik der bestehenden Verhältnisse beschränkt, die zwar eigenen wissenschaftlichen Standards genügt, die aber zu einer Veränderung des Status quo nur wenig beizutragen in der Lage ist.

Aus institutionenökonomischer Sicht müßten Ökonomen ihre Beratung idealerweise argumentativ so anlegen, daß Reformvorschläge zusätzlich zu einer dauerhaften Lösung des Sachproblems auch Vorteile auf dem politischen Markt bringen. Zwar liefert auch eine systematische Berücksichtigung der genannten Restriktionen keine Garantie für eine vor-

---

10 So beschreibt *Stiglitz* (1998, S. 5) seine Erfahrung als ehemaliger Berater der Clinton-Administration wie folgt: „When I was in the lawyer- and politician-dominated White House environment, I often felt that I had arrived in another world. It was not just that another language was spoken. I understood and expected that; every culture (including that of economists) creates its own language to set itself apart. It was that often another system of logic, another set of rules of reasoning, applied".

11 Mit Blick auf die letzte Neuordnung des bundesstaatlichen Finanzausgleichs im Jahr 1995 drücken sich diese „Eigeninteressen" von Bund und Ländern sowie der verschiedenen Länder untereinander etwa in den unterschiedlichen Modellvorschlägen von Bund und Ländern und den jeweils wechselseitigen Reaktionen darauf aus. Vgl. hierzu ausführlich *Bösinger* (1999, S. 102ff.).

behaltlose Umsetzung von wissenschaftlichen Reformvorschlägen im politischen System. Finanzwissenschaftliche Berater können allerdings die „Überzeugungsfähigkeit" ihrer Vorschläge dadurch zu steigern versuchen, daß bereits bei der Wahl des Analysekonzepts bewußt auf die erstrebenswerte Einheit von politischer und sachspezifischer Vorteilhaftigkeit geachtet wird.[12] Ein solches Analysekonzept soll nachfolgend in Form von verschiedenen Bausteinen einer institutionenorientierten Theorie der Wirtschafts- und Finanzpolitik vorgestellt werden.

2.2.2. Bausteine einer institutionenorientierten Theorie der Wirtschafts- und Finanzpolitik

Auf der Grundlage der verschiedenen Ansätze der Neuen Institutionenökonomik lassen sich einzelne Bausteine für eine institutionenorientierte Theorie der Wirtschafts- und Finanzpolitik benennen[13], die Anhaltspunkte für die rationale Ausgestaltung wirtschafts- und finanzpolitischer Reformvorhaben liefern. Hierzu kann auch der Auftrag des Bundesverfassungsgerichts zur Entwicklung eines Maßstäbegesetzes für den Finanzausgleich gerechnet werden. Zu den angesprochenen Bausteinen zählen (1) die Interpretation wirtschafts- und finanzpolitischer Probleme als Interessenkonflikte um die Ausgestaltung gesellschaftlicher Institutionen, (2) eine strikte Status-quo-Orientierung bei der Konzeption politischer Reformvorschläge, (3) die Ausrichtung am Konsensprinzip bei der Suche nach implementationsfähigen institutionellen Alternativen, (4) die Verwendung von Dilemmastrukturen als Analyseinstrument gesellschaftlicher Konflikte sowie (5) die Berücksichtigung von Pfadabhängigkeiten des institutionellen Wandels als möglichen Restriktionen politischer Reformen. Auf die einzelnen Punkte soll nachfolgend eingegangen werden

2.2.2.1. Finanzpolitische Probleme als Ergebnis institutionenbezogener Interessenkonflikte

Die Grundannahme jeder Form institutionenökonomischer Analyse ist, daß politische Konflikte in modernen Gesellschaften und somit auch die aktuelle Diskussion um die Neuordnung des Finanzausgleichssystems in Deutschland als Institutionenprobleme gedeutet werden können. Anknüpfungspunkt einer institutionenökonomischen Theorie der Wirt-

---

12   Ein in diesem Sinne klassisches und zugleich vorbildliches Beispiel stellt der Vorschlag zur Einführung der Gewerbefreiheit in Preußen durch den Freiherrn vom Stein und Carl August von Hardenberg dar.: „Zwar wurde die wirtschaftspolitische Grundidee der Reformer – Gewerbe- und Handelsfreiheit – vielfach als einsichtig, überzeugend und in sich schlüssig angesehen, sie hatte allerdings einen Fehler: Die Menschen waren nicht dafür zu begeistern, weil sie die Vorteile des Neuen nicht erkannten. Sie lebten in ihrer Welt der tief verwurzelten Erfahrungen mit den Institutionen des Merkantilsystems. So riefen die freigewerblichen und freihändlerischen Ideen der Reformer in Berlin einen Sturm der Entrüstung und Ablehnung hervor. Entscheidend für den Erfolg der preußischen Reformer war die Idee einer neuen Steuerquelle. Diese diente den Reformern als Anreizmittel. Der Köder war die Gewerbesteuer, mit der man dem König die Sanierung der Staatsfinanzen in Aussicht stellte" (*Schüller* 2000, S. 8). Siehe hierzu auch *Miek* (1987, S. 41ff.).

13   Vgl. hierzu die Beiträge von *Pies* (1999) sowie *Leschke/Sauerland* (1999), in denen die Mehrzahl der hier genannten Bausteine bereits erläutert wird. Vgl. darüber hinaus auch *Döring* (1999).

schafts- und Finanzpolitik sind somit nicht die Präferenzen von Akteuren sondern die das individuelle Verhalten strukturierenden gesellschaftlichen Institutionen. Dem liegt die Einsicht zugrunde, daß ökonomische und politische Prozesse in modernen Demokratien regelgesteuert sind, d.h. sie lassen sich ohne Kenntnis der relevanten institutionellen Restriktionen nicht angemessen erklären. So spricht etwa *Buchanan* (1971, S. 99) davon, daß „das wesentliche Thema des Ökonomen darin besteht, menschliches Verhalten innerhalb sozialer Institutionen zu untersuchen". Institutionen stellen in diesem Sinne die „Spielregeln" des menschlichen Zusammenlebens dar (siehe *North* 1990, S. 3; *Richter* 1994, S. 2; *Vanberg* 1983, S. 56). Sie sind systematisch zu unterscheiden von den „Spielzügen", die Akteure im Rahmen solcher sozialen Regeln tätigen.

In dem Maße, wie diese Regeln den zentralen Bezugspunkt für institutionenökonomische Analysen darstellen, ist nicht mehr – wie etwa in der wohlfahrtsökonomisch geprägten Theorie der Wirtschaftspolitik – die Formulierung wünschenswerter Endzustände gesellschaftlicher Interaktionen Gegenstand wirtschaftspolitischer Gestaltungsempfehlungen. An die Stelle dieser Ergebnisorientierung tritt vielmehr eine Verfahrensorientierung, die die Suche nach angemessenen (effizienten) institutionellen Regelsystemen zur Koordinierung individuellen Verhaltens in den Vordergrund stellt. Bezogen auf die Frage der Neuordnung des Finanzausgleichs bedeutet dies, daß zur Konkretisierung des in der Finanzverfassung festgeschriebenen Steuerverteilungs- und Ausgleichssystems vor allem auf prozedurale, auf Verfahrensabläufe ausgerichtete Ansätze abgestellt werden sollte.

Auf der Grundlage institutionenökonomischer Ansätze lassen sich wirtschafts- und finanzpolitische Probleme darüber hinaus als Interessenkonflikte zwischen gesellschaftlichen Akteuren deuten, die sich nach Maßgabe ihres subjektiv verfügbaren Wissens eigeninteressiert an ihr institutionelles Umfeld anpassen. Zum besseren Verständnis gesellschaftlicher Probleme ist hierbei die Betonung des Interaktionsaspekts wichtig. So hat bereits *Coase* (1960/1990) in „The Problem of Social Cost" darauf hingewiesen, daß gesellschaftliche Probleme in aller Regel das Resultat einer mindestens zweiseitigen Nutzungskonkurrenz sind, bei der rivalisierende Ansprüche an knappe Ressourcen oder Güter aufeinandertreffen. Ein Problem wird also kollektiv verursacht und ist nicht notwendig das Ergebnis einseitigen individuellen Verhaltens.[14] Mit Blick auf die aktuelle Kontroverse um den Länderfinanzausgleich führt dies etwa zu der Einsicht, daß es wenig zweckmäßig ist, irgendeiner der beteiligten Konfliktparteien die Rolle des „Problem-Verursachers" zuzuordnen. Die im Vorfeld des Urteils des Bundesverfassungsgerichts unternommenen Versuche, den Konflikt beispielsweise einseitig auf eine (generelle) Blockadehaltung der „ärmeren" Empfängerländer oder auf eine mangelnde föderale Solidarität der „reicheren" (Kläger-)Länder zurückzuführen, ist aus dieser Perspektive eine inadäquate Beschreibung der relevanten Problemstruktur. Aus der Sicht eines reziproken Problemverständnisses kann der bestehende Konflikt um die institutionelle Neugestaltung des Länderfinanzausgleichs – ausgehend von den wechselseitig artikulierten Ansprüchen – vielmehr nur gemeinsam gelöst werden.

---

14 Für *Coase* ist dieser Verweis auf die Reziprozität von Problemsituationen bekanntermaßen der systematische Ausgangspunkt seiner gesamten Kritik am wohlfahrtsökonomischen Verständnis der „harmful effects". Es heißt bei ihm wörtlich: „We are dealing with a problem of a reciprocal nature" (*Coase* 1960/1990, S. 96). Vgl. hierzu auch den Beitrag von *Waldkirch* (1999).

Die Betonung des Interaktionsaspekts ist noch aus einem weiteren Grund von Bedeutung. So genügt es für die Analyse wirtschafts- und finanzpolitischer Probleme sowie die Ableitung politischer Lösungsvorschläge nicht, nur die mit Verhaltensänderungen verbundenen Opportunitätskosten des einzelnen zu beachten. Darüber hinaus muß berücksichtigt werden, daß die Akteure strategisch interagieren, d.h. sie beeinflussen sich in ihrem ökonomischen Entscheidungsverhalten wechselseitig. Oder einfacher ausgedrückt: Die nutzenmaximierende Handlungsstrategie eines Akteurs ist davon abhängig, was die anderen tun (*Gerecke* 1998, S. 160). Solche strategischen Interdependenzen können dabei unter den jeweils gegebenen institutionellen Restriktionen zu kollektiv unerwünschten Handlungsergebnissen führen.

Zumindest die Mehrheit der finanzwissenschaftlichen Literatur geht mit Blick auf das bestehende Finanzausgleichssystems davon aus, daß mittlerweile eine solche Situation der kollektiven Selbstschädigung als Ergebnis des interdependenten Verhaltens der betroffenen Akteure eingetreten ist.[15] Als Erscheinungsformen dieser Selbstschädigung können etwa mangelnde Anreize der einzelnen Länder zur Ausweitung der eigenen Steuerbemessungsgrundlage wie auch Anreize für eine unangemessene Steuererhebungspolitik angeführt werden.[16] Das führt dazu, daß zum einen das gesamtwirtschaftliche Wachstum und zum anderen die Summe der Steuereinnahmen aller Gebietskörperschaften geringer sind als möglich. Für die Bemühungen um eine Reform des Finanzausgleichssystems resultiert daraus die Anforderung, daß dessen zukünftige institutionelle Ausgestaltung nicht oder zumindest weniger anfällig für strategisches Verhalten zu Lasten eines Teils oder gar der Gesamtheit der beteiligten Akteure sein sollte.

2.2.2.2. Status-quo-Orientierung als Bezugspunkt für die Gestaltung politischer Reformen

Institutionen haben als Regeln zur Steuerung individuellen Verhaltens die Funktion, zur Bildung gemeinsamer gesellschaftlicher Erwartungen beizutragen. Sie strukturieren Interaktionen und reduzieren dadurch Unsicherheit (siehe *Löchel*, 1999, S. 275). In welchem Umfang Institutionen zur gegenseitigen Erwartungsstabilisierung und Unsicherheitsreduktion und damit zur Lösung bestehender Interaktionskonflikte beitragen, ist eine Frage ihrer Ausgestaltung. Aus Sicht einer institutionenorientierten Wirtschafts- und Finanzpolitik steht dabei die Aufgabe im Mittelpunkt, alternative institutionelle Regeln zu entwickeln, für die die begründete Vermutung besteht, daß sie im Vergleich zu den bestehenden Regeln im Status quo zu „besseren" (effizienteren) Ergebnissen führen. Institutionen werden somit als Instrumente interpretiert, die helfen sollen, inferiore Lösungen zu verhindern bzw. Handlungsanreize zu schaffen, um superiore Lösungen zu realisieren.

Entscheidend ist hierbei die Status-quo-Orientierung als Bezugspunkt für Verbesserungsvorschläge des bestehenden Finanzausgleichssystems. In einem gewissen Sinne enthält auch das Urteil des Bundesverfassungsgerichts (*BVerfG* 1999, S. 80) diesen Verweis,

---

[15] Vgl. stellvertretend für viele *Peffekoven* (1993, S. 25) oder auch *Sachverständigenrat zur Begutachtung der gesamtwirtschaftlichen Entwicklung* (1992, Ziffer 369).

[16] Vgl. beispielsweise *Huber/Lichtblau* (1997, S. 12); *OECD* (1998, S. 84).

wenn es fordert, daß der Gesetzgeber die finanzverfassungsrechtlichen Vorgaben zum Steuerverteilungs- und Ausgleichssystem auch „entsprechend den vorgefundenen finanzwirtschaftlichen Verhältnissen" konkretisieren soll. Folgt man *Buchanan* (1989, S. 45), stellt der jeweilige Status quo den unhintergehbaren Ausgangspunkt für alle institutionellen Reformen dar.[17] Um die Erfolgsaussichten nicht von vornherein erheblich einzuschränken, dürfen potentielle Veränderungen nicht an einem fiktiven Nullpunkt oder ausschließlich an einem theoretischen Idealbild ansetzen, sondern sie müssen an den historisch gewachsenen Zuständen anknüpfen. Diese umfassen die „tatsächliche, empirisch vorgefundene Anfangsausstattung der von einer institutionellen Reform Betroffenen" (*Wulffen* 1996, S. 79).

Die relevante Alternative, gegen die es ein oder mehrere Reformvorschläge im Rahmen eines komparativen Institutionentests abzuwägen gilt, sind die institutionellen Regeln des Status quo. Sie stellen den Referenzpunkt für die Suche nach pareto-superioren Regelverbesserungen dar. Nur auf diese Weise lassen sich die Opportunitätskosten realistischer Politikoptionen bestimmen. Regelverlierer kann es aus dieser Perspektive nicht geben: Entweder stellen die institutionellen Reformen unmittelbar alle besser oder zumindest keinen schlechter und sei es auch auf dem Wege, daß die Regelgewinner potentielle Regelverlierer kompensieren. Für letzteres reicht allerdings eine rein fiktive Kompensation (Kaldor-Hicks-Kriterium) nicht aus, sondern es muß eine tatsächliche Kompensation erfolgen, wenn ein Reformvorschlag im politischen Prozeß auf Zustimmung bei den betroffenen Akteuren stoßen soll (*Leschke/Sauerland* 1999, S. 191).[18] Letztlich muß die Neuordnung des Finanzausgleichs aus dieser Perspektive zumindest die derzeitige Verteilung reproduzieren oder reproduzieren können. Günstiger, im Sinne von zustimmungsfähiger, wäre eine Verbesserung der Situation jedes einzelnen Landes. Wenn die zu verteilende Finanzmasse jedoch kurzfristig nicht gesteigert werden kann, bietet sich die Hinzuziehung von andersartigen Kompensationsmöglichkeiten potentieller Reformverlierer an.

Die Betonung der Orientierung am Status quo behält auch dann ihre Gültigkeit, wenn man berücksichtigt, daß es nicht immer einfach ist, den für die Formulierung einer Reformstrategie „relevanten" Status quo zu bestimmen. So führen neben unterschiedlichen Problemsichten vor allem die unterschiedlichen Interessen der in Konflikt stehenden Akteure nicht selten zum Einsatz von Maßnahmen, die einzig darauf ausgerichtet sind, aus rein verhandlungsstrategischen Gründen den „faktischen" Status quo und die daran geknüpften Handlungsalternativen des jeweiligen Gegners zu verschlechtern oder zumindest als

---

[17] Ähnlich auch *Hesse/Benz* (1988, S. 83): „Strategien, Konflikte und Widerstände der Interessendurchsetzung, die den Prozeß der Institutionenpolitik prägen, werden dabei entscheidend von den institutionellen Ausgangsbedingungen beeinflußt; sie 'filtern' politische Interessen, gesellschaftliche Ansprüche sowie ökonomische und soziokulturelle Einflüsse".

[18] Diese Betonung der Status-quo-Orientierung findet sich auch bei *Coase* (1960/1990, S. 154): „(T)he whole discussion is largely irrelevant for questions of economic policy since, whatever we have in mind as our ideal world, it is clear that we have not yet discovered how to get to it from where we are. A better approach would seem to be to start our analysis with a situation approximating that which actually exist, to examine the effects of a proposed policy change, and to attempt to decide whether the new situation would be, in total, better or worse than the original one". *Coase* wendet sich damit explizit gegen einen „Nirvana approach", wie er üblicherweise in einer wohlfahrtsökonomisch ausgerichteten Theorie der Wirtschaftspolitik zur Anwendung kommt.

schlechter erscheinen zu lassen. Der Status quo ist damit keineswegs statisch gegeben, sondern wird selbst zu einem dynamischen Phänomen (siehe *Meier/Slembeck* 1998, 189ff.). Für den Fall, daß die betroffenen Akteure – wie dies beim aktuellen Streit um den Finanzausgleich unterstellt werden kann – bestimmte Vorstellungen über ihre zukünftige Position haben, ist ein solches strategisches Verhalten zu erwarten. Sie besitzen einen Anreiz, bei den anstehenden Verhandlungen über die Neuordnung des Finanzausgleichssystems ihre eigenen Verluste zu übertreiben, um für sich besondere Vorteile herauszuschlagen. Aufgrund solcher Übertreibungen kann das Erreichen einer pareto-superioren Lösung als gefährdet erscheinen, obwohl bei einer „wahren" Darstellung der eigenen Position eine gesellschaftliche Übereinkunft möglich wäre (siehe *Frey/ Kirchgässner* 1994, S. 357).

Ein solches strategisches Verhalten bei der Neuordnung des Finanzausgleichssystems wird auch nicht bereits dadurch vermieden, daß – wie vom *Bundesverfassungsgericht* mit Verweis auf den *Rawls*schen „Schleier des Nichtwissens" intendiert – der Gesetzgeber zur Verabschiedung allgemeiner, langfristig anwendbarer Maßstäbe für die Ausgestaltung eines jeweils konkreten, kurz- bis mittelfristig ausgerichteten Finanzausgleichsgesetzes verpflichtet wurde. Es ist vielmehr zu erwarten, daß die betroffenen Akteure versuchen werden – ausgehend von den innerhalb eines kurzfristigen Zeithorizonts absehbaren finanziellen Konsequenzen – bereits den Inhalt des geforderten Maßstäbegesetzes im Sinne ihrer Verhandlungsposition zu beeinflussen. Die „Vorherigkeit des Maßstäbegesetzes" als Ausdruck einer „institutionellen Verfassungsorientierung" dürfte unter diesen Bedingungen eher ein Wunschgedanke bleiben.[19]

2.2.2.3. Ausrichtung am Konsensprinzip als Maßstab implementationsfähiger Reformvorschläge

Aus institutionenökonomischer Sicht gelten solche Reformvorschläge als erfolgversprechend, die im Rahmen eines komparativen Institutionenvergleichs die Aussicht besitzen, unter den relevanten politischen Akteuren konsensfähig zu sein. Damit wird die Zustimmungsbereitschaft der Betroffenen (und nicht etwa die Maximierung einer abstrakten gesellschaftlichen Wohlfahrtsfunktion) zum normativen Kriterium für die Auswahl politischer Empfehlungen.[20] Bezogen auf eine Reform des Länderfinanzausgleichs reicht es so-

---

19 Aus institutionenökonomischer Sicht stellt der *Rawls*sche „Schleier des Nichtwissens" mit Blick auf den Länderfinanzausgleich ohnehin nicht die adäquate Referenzsituation dar, um zu „fairen" (effizienten) Regeln zu kommen, da für die betroffenen Akteure bekannt ist, in welcher „postkonstitutionellen Position" sie sich befinden werden. Bezogen auf den entscheidungslogischen Status der intendierten konstitutionellen Entscheidungssituation wäre vielmehr der von *Brennan/Buchanan* (1985/1993, S. 37ff.) propagierte „Schleier der Unsicherheit" der angemessene Bezugspunkt. Neueste Untersuchungsergebnisse zeigen darüber hinaus, daß selbst bei „Abwesenheit eines Schleiers des Nichtwissens bzw. der Unsicherheit keinerlei Probleme bestehen, Einstimmigkeit und Fairneß zu erzielen" (*Müller* 2000, S. 210).

20 Ähnlich auch *Hesse/Benz* (1988, S. 104f.), für die „ein Konsens [...] nur dann erreichbar [ist], wenn nicht eine Ideallösung angestrebt wird, sondern in pragmatischer Haltung immer nur vorläufige, auf der Grundlage vorhandener Kenntnisse akzeptable, gleichzeitig aber revidierbare Entscheidungen getroffen werden". In diesem Zusammenhang ist bisweilen – pointiert formuliert – vom Übergang vom „Effizienz- zum Konsensparadigma" die Rede (*Pies* 1993, S. 123). Die darin enthaltene Ablehnung des Kriteriums der Allokationseffizienz, wie sie etwa

Institutionenökonomische Aspekte der Neuordnung des Finanzausgleichs

mit nicht aus, lediglich auf die Überlegenheit von aus föderalismustheoretischer Sicht schlüssig abgeleiteten Vorschlägen zu verweisen, wenn nicht gleichzeitig deutlich gemacht werden kann, daß diese Reform für die Betroffenen mit der Realisierung von Kooperationsgewinnen verbunden ist.

Dies gilt insbesondere für Konflikte über die Struktur des Finanzausgleichs. So besteht dessen Besonderheit ja gerade darin, daß „die Adressaten des Regelwerks, also Bund und Länder, identisch mit jenen sind, die die Regeln setzen". Im Finanzausgleich geben also „jene Akteure den Ordnungsrahmen vor, die nachher von dessen Wirkungen profitieren oder darunter leiden" (*Homburg* 1996, S. 336). Es kann also auch nicht davon ausgegangen werden, daß sie sich bei der Regeldefinition im Hinblick auf die späteren Ergebnisse nicht strategisch verhalten werden. Reformvorschläge, bei denen sich zumindest die Mehrheit der Akteure mit unmittelbaren Einbußen in der Gegenwart konfrontiert sieht, mögliche Vorteile jedoch ungewiß sind, dürften kaum konsensfähig sein.

Konsenslösungen schließen den Verzicht auf bisherige Privilegien nicht grundsätzlich aus. Vielmehr dürfte aus der Perspektive der betroffenen Akteure nicht der mit einer einzelnen Regel verbundene Zugewinn oder Verlust, sondern das gesamte Verhältnis von Gewinn und Verlust eines Regelsystems für die Legitimation institutioneller Veränderungen zentral sein. Wenn die Verteilung der Verfügungsrechte in der Ausgangssituation zu tiefgreifenden Konflikten führt, so kann etwa danach gefragt werden, ob der Verzicht auf bestimmte Verfügungsrechte nicht plausibel als Investition interpretiert werden kann, um zu einer dauerhaften Lösung des Konflikts zu kommen. Letztendlich erfüllt allerdings auch hier das Kriterium der Zustimmungsfähigkeit die Funktion eines politischen Filters: Institutionelle Reformen des Länderfinanzausgleichs, von denen nicht begründet angenommen werden kann, daß sie in ihrer Gesamtwirkung pareto-superiore Lösungen repräsentieren, sollten von vornherein ausgeschlossen werden, wenn die Reform im politischen Prozeß nicht frühzeitig scheitern soll.

Mit dieser Orientierung am Konsensprinzip tritt die institutionenökonomische Betrachtung noch nicht in Widerspruch zum Urteil des Bundesverfassungsgerichts, in dem die Ausgestaltung eines zukünftigen Maßstäbegesetzes für den Finanzausgleich als bloßes Ergebnis eines politischen Bargainingprozesses abgelehnt wird.[21] Das Konsenskriterium stellt hier lediglich das auf Institutionen angewendete Pareto-Kriterium dar. Es verknüpft damit zugleich den Effizienzgedanken mit dem Erfordernis politischer Legitimität. Mit die-

---

auch herkömmlichen föderalismustheoretischen Analysen zugrunde liegt, wird hier jedoch nicht geteilt. Letztgenannte Analysen sind vielmehr auch im Rahmen eines institutionenökonomischen Ansatzes insofern zweckmäßig, wie die auf ihrer Grundlage gewonnenen politischen Gestaltungsgrundsätze die Funktion besitzen, insbesondere für den Fall ihrer Durchbrechung eine ökonomische Abschätzung der damit verbundenen Folgewirkungen im Sinne möglicher Ineffizienzen bestehender Institutionen zu ermöglichen. Eine solche Abschätzung möglicher Folgewirkungen institutioneller Regeln ist durchaus hilfreich für die Bestimmung pareto-superiorer und damit konsensfähiger Problemlösungen.

21 So betont das Gericht in seinem Urteil, dass „die bloße parlamentarische Mehrheit noch nicht den Finanzausgleich [rechtfertigt]. Der Gesetzgeber hat gegenläufige Interessen festzustellen, zu bewerten und auszugleichen. Er darf aber nicht allein in der Rechtfertigung eines Mehrheitswillens zu Lasten einer Minderheit auf fremde Haushalte zugreifen oder Ausgleichsansprüche vereiteln" (*BVerfG* 1999, S. 85).

sem Kriterium wird an Vorschläge zur Verbesserung bestehender institutioneller Regeln die Anforderung gestellt, daß die von einer Regeländerung betroffenen Akteure, gemessen an ihren Präferenzen, der Reform freiwillig zustimmen. Eine gesellschaftliche Gruppe wird dies nur tun, wenn sie gegenüber dem Status quo gewinnt, zumindest jedoch nicht verliert. Mit der Anwendung des Konsensprinzips wird damit die politische Durchsetzungsfähigkeit einer Reform stets mitgedacht. Bei der so gedachten Zustimmung handelt es sich jedoch um keinen „empirischen Konsens, sondern um eine wissenschaftlich abgeleitete Hypothese über die Erreichung eines faktischen Konsenses der von einem Problem betroffenen Schlüsselspieler" (*Leschke/Sauerland* 1999, S. 203). Die Gleichsetzung von faktischem und hypothetischem Konsens entspräche also einerseits einer falschen Interpretation des Prinzips.[22] Andererseits dient die im Rahmen theoretischer Überlegungen gewonnene Einsicht in einen hypothetischen Konsens als Grundlage für die Gestaltung von auch in der Realität möglicherweise konsensfähigen Reformvorschlägen. Nur auf diese Weise lassen sich aus ökonomischer Sicht Anhaltspunkte darüber gewinnen, welche Reformvorschläge noch am ehesten eine Chance auf politische Durchsetzungsfähigkeit besitzen.[23]

Mit dem Konsensprinzip verbindet sich letztlich eine kontrakttheoretische Perspektive. Für die Ausgestaltung institutioneller Reformen ergeben sich daraus wichtige Anhaltspunkte (siehe *Gerecke* 1998, S. 153; *Voigt* 2000, S. 40 und S. 42): Aus einer solchen vertragstheoretischen Perspektive werden Akteure zum einen nur dann bereit sein, die mit institutionellen Veränderungen verbundenen Restriktionen für ihr eigenes Handeln zu akzeptieren, wenn gewährleistet ist, daß diese Restriktionen auch den anderen Akteuren auferlegt werden. Institutionelle Regeln müssen dabei so ausgestaltet sein, daß sie die Bereitschaft zu einer zeitkonsistenten glaubhaften Selbstbindung der betroffenen Akteure fördern. Diese Bereitschaft ist dann gegeben, wenn „der Erwartungswert der Regelübertretung nicht größer ist als der erwartete Nutzen der Regelbefolgung" (Leschke 1996, S. 78). Dies kann wiederum am ehesten durch Sanktionsmechanismen gewährleistet werden, die eine Regelübertretung so weit verteuern, daß eine Regelbefolgung im gewünschten Umfang erfolgt. Erst unter dieser Bedingung wird eine wechselseitige Stabilisierung von Verhaltenserwartungen gefördert, die Voraussetzung für produktive Interaktionen im Sinne paretosuperiorer Lösungen ist.

Darüber hinaus legt diese vertragstheoretische Perspektive es zum anderen nahe, nicht einzelne Regeln, sondern ganze „Regelpakete" simultan zu implementieren. Bezogen auf den Länderfinanzausgleich würde auf diese Weise einzelnen Akteuren, die von dessen

---

22   Vgl. hierzu *Aufderheide* (1996). Eine ähnlich unzweckmäßige Differenzierung ist die Unterscheidung zwischen einem (faktischen) Ex-ante und einem Ex-post Konsens. Aus Sicht eines hypothetischen Konsenses, der auf die theoretische Möglichkeit einer Besserstellung abstellt, ist es demgegenüber unerheblich, ob die von einer Reform betroffenen Akteure bereits vor deren faktischer Wirkung zustimmen oder erst danach.

23   Aus dieser Perspektive erweist sich das Konsenskriterium auch dem sog. Kaldor-Hicks-Kriterium als Maßstab für die ökonomische Formulierung implementationsfähiger Reformvorschläge als überlegen, da es nicht nur von einer „denkbaren" Kompensation der von Reformen negativ Betroffenen ausgeht, sondern die faktische Kompensation als Instrument der Herstellung von Zustimmungsfähigkeit enthält. Letzteres bezieht sich dabei in aller Regel jedoch auf die Zustimmung der Betroffenen zu bestimmten Regeln, nicht zu einzelnen Maßnahmen oder Endzuständen. Vgl. hierzu auch *Erlei/Leschke/Sauerland* (1999, S. 19f.).

Neuordnung in bestimmten Bereichen negativ betroffen sind, die Chance eröffnet, sich aufgrund einer spezifischen Regelgestaltung in anderen Bereichen des Finanzausgleichssystems besser stellen zu können. Um dabei der Beliebigkeit politischer Bargainingprozesse Schranken zu setzen, bietet sich ein Verfahren institutionalisierter Paketlösungen an, welches im Rahmen eines Maßstäbegesetzes den für Konsenslösungen notwendigen Verhandlungsspielraum zum politischen Interessenausgleich auf sachlich miteinander zusammenhängende Felder einengt.

2.2.2.4. Verwendung von sozialen Dilemmastrukturen als Analysekonzept

Die Ausrichtung an der hypothetischen und nicht an der faktischen Zustimmungsfähigkeit der relevanten Akteure zu institutionellen Reformen gewährleistet eine Konzentration auf die aus theoretischer Sicht zentralen Defizite der zu reformierenden institutionellen Regeln. Aber selbst für diesen Fall gilt, daß sich eine rein theoretische Erarbeitung von Konsenslösungen für bestehende gesellschaftliche Konflikte üblicherweise alles andere als einfach gestaltet. In Anlehnung an *Hayek* (1945) besteht hier vielmehr das Problem eines häufig nur vorläufigen und lediglich begrenzt verfügbaren Gestaltungswissens. So ist selbst bei einer die reale Welt problemorientiert reduzierenden Sichtweise nicht von vornherein gewährleistet, daß die für einen gesellschaftlichen Konflikt relevanten Einflußfaktoren hinreichend erfaßt werden. Neben den Interessenlagen der betroffenen Akteure und deren Wandel im Zeitablauf betrifft dies vor allem die den Akteuren zur Verfügung stehenden Möglichkeiten, entgegen den intendierten Anreizwirkungen einer Regeländerung innovativ und damit theoretisch nicht antizipierbar auf institutionelle Reformen zu reagieren.[24] Mit einer auf Konsens ausgerichteten Gestaltung finanzpolitischer Maßnahmen verbindet sich vor diesem Hintergrund jedoch immerhin die Aussicht, die Bereitschaft zu einem defektierenden Verhalten bei den von einer Regeländerung betroffenen Akteuren, wenn nicht vollständig zu vermeiden, so doch in Grenzen zu reduzieren.

Es besteht noch ein weiteres Problem: Eine konsensuale Lösung gesellschaftlicher Konflikte ist formal immer nur dann möglich, wenn zwischen den betroffenen Akteuren – spieltheoretisch formuliert – kein reines Nullsummenspiel sondern ein Positivsummenspiel gespielt wird, bei dem die Kooperationslösung, die die gemeinsamen Interessen der Akteure widerspiegelt, aufgrund der im Status quo bestehenden institutionellen Anreize verfehlt wird. Aus institutionenökonomischer Sicht werden solche Konfliktstrukturen mit der Kategorie der sozialen Dilemmasituation erfaßt.[25] Grundsätzlich kann dabei zwischen wechselseitigen und einseitigen sozialen Dilemmasituationen unterschieden werden. Zur letztgenannten Kategorie von Dilemmasituationen zählen Interaktionsbeziehungen, die durch die Gefahr einer einseitigen Ausbeutung gekennzeichnet sind, d.h. einer der Interaktionspartner kann die Struktur der Situation zu seinem Vorteil und zum Nachteil des anderen

---

[24] Vgl. zu diesem vor allem aus einer evolutionsökonomischen Sicht sich stellenden Problem einer institutionenökonomischen Theorie der Wirtschafts- und Finanzpolitik die Arbeiten von *Wegner* (1993, 1996).

[25] Vgl. hierzu systematisch *Watrin* (1999). Auf soziale Dilemmata als Analyseinstrument gesellschaftlicher Konflikte hat bereits *Tullock* (1974) in seinem Buch „The Social Dilemma" hingewiesen.

Interaktionspartners ausnutzen. Als Ursache für diese asymmetrische Interaktionsstruktur können dabei sowohl die Notwendigkeit einseitiger Vorleistungen eines Interaktionspartners im Sinne spezifischer Investitionen (Hold-Up-Problematik) als auch eine ungleiche Verteilung von Informationen (Prinzipal-Agent-Problematik) gelten.[26] Zur Kategorie wechselseitiger sozialer Dilemmasituationen zählt das aus der Spieltheorie bekannte Gefangenendilemma. Es beschreibt insofern ein soziales Dilemma, als die (institutionell erzeugte) Auszahlungsmatrix die Handlungsanreize so setzt, daß ein für die beteiligten Akteure günstigerer Zustand, der prinzipiell erreichbar wäre, nicht erreicht wird. Man kann dies auch als soziale Interaktionssituation kennzeichnen, die die Gefahr einer wechselseitigen Ausbeutung birgt. Aufgrund der kollektiven Struktur des Interaktionsproblems kann das Gefangenendilemma auch nur kollektiv überwunden werden. Systematisch kann dies über eine direkte Kooperation der Interaktionspartner, über motivationsorientierte Lösungen oder über regelorientierte Lösungen erfolgen (*Locher* 1991). Die Institutionenökonomik präferiert hierbei in aller Regel den dritten Weg, d.h. die Änderung der Spielregeln bzw. der gesellschaftlichen Institutionen.

Im Unterschied zur Problemstruktur eines einseitigen sozialen Dilemmas kommt den wechselseitigen Dilemmasituationen als Analyseschema im Rahmen einer institutionenorientierten Wirtschafts- und Finanzpolitik eine besondere Bedeutung zu. Nur wenn es gelingt, Konflikte auf eine solche oder eine ähnliche Dilemmasituation zu reduzieren, kann neben der Existenz von konfligierenden Interessen auch von gemeinsamen Interessen ausgegangen werden, die sich durch ein geeignetes institutionelles Arrangement zur Geltung bringen lassen (*Leschke/Sauerland* 1999, S. 206). In dem Maße, wie eine so angelegte Problemdiagnose unmittelbar die Realisierung einer pareto-superioren Lösung und damit die allseitige Besserstellung der konfligierenden Akteure enthält, erhöht sich die Aussicht auf die Implementation institutioneller Reformvorschläge. Gerade in dieser gleichzeitigen Verknüpfung von Problemdeutung und allseits vorteilhafter Problemlösung kann der heuristische Vorteil des Analyseschemas wechselseitiger Dilemmasituationen gesehen werden. Mit seiner Verwendung läßt sich – zumindest idealerweise – quasi simultan die Zustimmungsbereitschaft der konfligierenden politischen Akteure sowohl mit Blick auf eine einheitliche Situationsinterpretation (Wahrnehmungsproblem) als auch für eine als notwendig erachtete Reform (Implementationsproblem) steigern.

Bezogen auf die Neuordnung des Finanzausgleichssystems resultiert daraus die Aufgabe, das häufig von den beteiligten Akteuren als institutionalisiertes Nullsummenspiel wahrgenommene Steuerverteilungs- und Ausgleichssystem zwischen Bund und Ländern sowie der Länder untereinander als Konfliktsituation zu rekonstruieren, die die Möglichkeit eröffnet, mittels institutioneller Verbesserungsvorschläge im Status quo noch nicht realisierte Tausch- bzw. Kooperationsgewinne aufzuzeigen.

---

26 Vgl. zur Hold-Up-Problematik *Williamson* (1984, 1985), obwohl dieser selbst den Begriff „hold up" weitgehend vermeidet und statt dessen von einem Fehlanpassungsproblem (maladaptation) unter den Bedingungen von begrenzter Rationalität und Zukunftsunsicherheit spricht. Vgl. zum Hold-Up-Problem darüber hinaus die Arbeit von *Klein/Crawford/Alchian* (1978). Für das Prinzipal-Agent-Problem siehe grundsätzlich *Sappington* (1991) sowie *Arrow* (1985).

2.2.2.5. Berücksichtigung von institutionellen Pfadabhängigkeiten

Mit Blick auf den individuell erwarteten Nutzen von Regelsystemen ist von Bedeutung, daß Institutionen langfristig oft andere Wirkungen haben als kurzfristig und daß diese Wirkungsunterschiede neben einer Veränderung exogener Faktoren (wirtschaftliche Lage, Präferenzen) auf einen endogenen Wandel der Institutionen selbst zurückzuführen sind. Damit gewinnt neben der Analyse des Status quo auch die historische Entwicklung von Institutionen an Bedeutung. Soweit institutionenökonomische Ansätze als Grundlage einer Wirkungsanalyse bestehender Institutionen und daran anknüpfender Reformvorschläge dienen, wird jedoch nicht selten lediglich auf die Struktur gesellschaftlicher Interaktionsbeziehungen und Dilemmasituationen zu einem jeweils gegebenen Zeitpunkt abgestellt. Die historische Genese solcher Dilemmasituationen bleibt demgegenüber in aller Regel unberücksichtigt. Bei der Entwicklung finanzpolitischer Gestaltungsvorschläge sollte eine institutionenorientierte Wirtschafts- und Finanzpolitik allerdings nicht auf Einsichten evolutionstheoretischer Ansätze verzichten, wenn sie nicht Gefahr laufen will, die Grenzen der Veränderbarkeit realer Verhältnisse zu verkennen (siehe *Feldmann* 1995, S. 88; *Kirchgässner* 1991, S. 169ff.). Vor allem die Erkenntnisse einer evolutorischen Institutionenökonomik (siehe etwa *North* 1986 oder auch *Vanberg* 1981) sind dabei durchaus kompatibel mit solchen institutionenökonomischen Ansätzen, die auf eine rationale Gestaltung gesellschaftlicher Regeln zielen. Während aus der zuletzt genannten Perspektive die mit gegebenen institutionellen Arrangements verbundenen Fehlanreize aufgezeigt und effizientere Lösungen formuliert werden können, liefert eine evolutionstheoretische Perspektive Einsichten in den gesellschaftlich vorhandenen Möglichkeitsraum institutioneller Reformen.

Für politische Gestaltungsfragen ist hierbei vor allem das Problem der Pfadabhängigkeit institutioneller Entwicklungsprozesse von Relevanz.[27] Es verbindet sich damit die Feststellung, daß einmal eingeschlagene Entwicklungspfade selbstverstärkend wirken können. Man kann es auch auf die knappe Formel bringen, daß „Geschichte von Belang ist" und zwar in dem Maße, wie „historische Bedingungen aktuelle Entscheidungen und über diese die zukünftigen Entwicklungsrichtungen präformieren. Pfad- oder Verlaufsabhängigkeit engt also die Menge an potentiellen Alternativen ein und verbindet Entscheidungen über die Zeit miteinander" (*Leipold*, 1996, S. 95). Die Gründe für solche Pfadabhängigkeiten können dabei durchaus vielfältig sein: Zu nennen sind hier (1) die Komplementarität mit anderen gesellschaftlichen Institutionen und deren Entwicklung, (2) die potentielle Entwertung von Investitionen in einen einmal eingeschlagenen Entwicklungspfad, (3) machtbedingte Beschränkungen des institutionellen Wettbewerbs im Sinne der Sicherung von Monopolrenten oder sonstiger machtbedingter Privilegien, aber auch (4) die an bestehende Institutionen als „bewährten" Koordinationsmechanismen gesellschaftlicher Interaktionsbeziehungen gebundenen individuellen Lerneffekte sowie wechselseitigen Erwartungs- und

---

[27] Vgl. hierzu neben *North* (1999) auch *Kiwit/Voigt* (1995). Vgl. darüber hinaus zur Analyse von Pfadabhängigkeiten als Prozessen institutioneller Hysteresis *Setterfield* (1993) oder *Cornwall* (1990). *Visser/Hemerijck* (1998, S. 78) vertreten die Auffassung, daß „Institutionen und ihre Folgewirkungen ohne Verständnis des historischen Zusammenhangs nicht hinreichend beurteilt werden [können]". Und weiter: „Zweifellos sind Institutionen widerstandsfähige Einheiten, die nicht nach Belieben und sofort verändert werden können, jedoch sollte die Kontinuität in Zeit und Raum nicht übertrieben werden" (ebenda, S. 79).

Vertrauenseffekte (Netzwerkexternalitäten). Gerade mit Blick auf die Betonung solcher Koordinations- und Erwartungseffekte, die beim Festhalten an erprobten Institutionen entstehen, sowie der Komplementarität mit anderen formalen wie informellen gesellschaftlichen Regeln rücken in der evolutorischen Perspektive die Kosten der Neuschaffung und Weiterentwicklung von Institutionen in den Vordergrund der Betrachtung.

Zusätzlich zur in herkömmlichen ökonomischen Konzepten häufig dominierenden allokativen Perspektive wird mit dem Aspekt der Pfadabhängigkeit auch das Distributionsziel stärker in die Betrachtung einbezogen. Unter der Annahme, daß weniger die kollektiven Wohlfahrtswirkungen den historischen Wandel von Institutionen erklären, sondern dieser häufig das Ergebnis gesellschaftlicher Verteilungskonflikte ist, hängt die Kompatibilität von Reformvorschlägen mit dem bestehenden Institutionengefüge nicht zuletzt auch von deren individuellen Verteilungswirkungen ab (siehe hierzu grundlegend *Knight* 1997). Je radikaler Reformvorschläge dabei ausfallen, desto stärker dürften sich die bestehenden Verteilungsmuster ändern, um so größer dürften deswegen auch etwaige politische Widerstände gegen diese Reformvorschläge ausfallen. Demgegenüber ist bei institutionellen Reformvorschlägen in Rechnung zu stellen, daß „jede politische Lösung, die der Zustimmung der Betroffenen bedarf, die auf Risikominimierung und Interessenausgleich hin angelegt ist, sich im Regelfall auf schrittweise, inkrementalistische Veränderungen" beschränkt (*Renzsch* 1996, S. 334).[28] Für eine Reform des bestehenden Finanzausgleichssystems läßt sich daraus ableiten, daß Vorschläge eine größere Aussicht auf politische Durchsetzungsfähigkeit besitzen, die sich ohne gravierende Friktionen in die bisherige Ordnung einfügen lassen. In der Sprache der modernen Systemtheorie (siehe etwa *Luhmann* 1997) geht es hier um die „Anschlußfähigkeit" geplanter institutioneller Veränderungen an die bisher realisierte Ordnung. Reformvorschläge sind dem entsprechend auf ihre Kompatibilität mit der bisherigen Entwicklungslogik des vorhandenen Institutionengefüges hin zu prüfen.[29]

---

[28] Mit dieser Argumentation ist zugleich der Aspekt von Revolutionen und historischen Umbruchsituationen ausgeblendet. In derartigen Fällen kann es durchaus zu massiven und großen Änderungen kommen. Im allgemeinen werden diese aber nicht konsensual beschlossen, sondern stellen gerade die Ablösung eines nicht mehr konsensfähigen Zustandes dar, ohne daß der sich neu einstellende Zustand wiederum eine Art Optimum repräsentieren muß. Die Fortentwicklung des Finanzausgleichs wird – Konstanz der weiteren Elemente der föderalen Aufgaben-, Ausgaben- und Einnahmenverteilung vorausgesetzt – jedoch kaum in Form eines revolutionsähnlichen Bruchs vor sich gehen.

[29] *North* (1999, S. 11) spricht in diesem Zusammenhang davon, daß „the path dependence that results typically makes change incremental". In ähnlicher Weise charakterisiert auch *Schultze* (1990, S. 490) die Anforderungen an politische Reformvorschläge: „In der pluralistischen Demokratie ist Politik die Suche nach dem Kompromiß. Dies gilt generell für alle Entscheidungsgegenstände, aber selbstverständlich für Fragen der Institutionen- und Verfassungsreform in besonderer Weise. Solche Fragen bedürfen eines größtmöglichen Maßes an Legitimation und damit des Konsenses der Betroffenen. Solche Entscheidungen vollziehen sich selbstverständlich inkrementalistisch und reflektieren die Machtstrukturen in Politik und Gesellschaft". *Visser/Hemerijck* (1998, S. 82) gehen davon aus, daß „politische Akteure sich eher entscheiden werden, Institutionen mit neuen Strukturen 'auszubessern' oder so lange wie möglich in neue Funktionen zu transponieren, als sich dem äußerst unsicheren Ergebnis eines vollständigen Umbaus von Institutionen auszusetzen, weil Ausbessern und Transponieren weniger Kosten verursacht, weniger Risiken in sich birgt und politisch weniger umstritten ist". In ähnlicher Form weist auch *Penz* (1999) in seiner „Theorie der institutionellen Steue-

Die geforderte Kompatibilität ist dabei nicht nur auf die bestehenden formalen Institutionen bezogen. Vielmehr sind auch die jeweils gültigen informellen Institutionen zu berücksichtigen, mit denen eine Veränderung der formalen Institutionen im großen und ganzen in Einklang stehen sollte. So schreibt etwa *North* (1990, S. 140): „When their is a radical change in the formal rules that makes them inconsistent with the existing informal constraints, there is an unresolved tension between them that will lead to long-run political instability". Bezogen auf die Neuordnung des Finanzausgleichssystems dürfte hierbei vor allem von Bedeutung sein, daß das gesamte System des Finanzföderalismus in Deutschland – anders etwa als das amerikanische föderative System (siehe hierzu etwa *Döring* 2000) – sowohl mit Blick auf seine formale institutionelle Ausgestaltung als auch hinsichtlich der informell gültigen Regeln auf Kooperation zwischen den Gebietskörperschaftsebenen hin angelegt ist. Ein etwaiger Versuch, auf dem Wege eines Maßstäbegesetzes für den Länderfinanzausgleich eine grundlegende Systemtransformation im Sinne eines strikten Wettbewerbsföderalismus zu bewerkstelligen, dürfte vor diesem Hintergrund kaum Aussicht auf politischen Erfolg haben.[30]

3. Einige institutionenökonomische Folgerungen für die Neugestaltung des Finanzausgleichssystems

3.1. Bei der Neuordnung des Finanzausgleichssystems zu beachtende Grundsätze

Angesichts des engen Zeitrahmens, den das Bundesverfassungsgericht dem Gesetzgeber zur Neuordnung des Finanzausgleichssystems zugestanden hat, kann nicht unbedingt erwartet werden, daß das Urteil zum Anlaß für eine grundlegende Reform der föderalen Finanzverfassung genommen wird, zumal das Gericht dies selbst nicht fordert. Ohne den Ergebnissen des anstehenden Gesetzgebungsverfahrens vorzugreifen, dürfte eine „kleine Lösung" realistischer sein (*Renzsch* 1999a, S. 716). Eine solch kleine Lösung hätte aus institutionenökonomischer Sicht den Vorteil, daß sich die insgesamt zu erwartenden Transaktionskosten einer Reform in Grenzen halten. Selbst für diesen Fall ist es jedoch zweckmäßig, die Neuordnung des Finanzausgleichssystems an normativen Grundsätzen auszurichten.[31] Das hier verwendete institutionenökonomische Konzept liefert solche Grundsätze, an denen sich eine Reform des Finanzausgleichs orientieren kann. Sie sind überblicksartig in der Tabelle 1 dargestellt und sollen als Bezugsrahmen für eine etwaige Neugestaltung jener E-

---

rung der Wirtschaft" auf eine notwendige Berücksichtigung des pfadabhängigen Wandels von Institutionen hin. Bezogen auf die Anforderungen an politische Reformen leitet er daraus das Kriterium der „Viabilität" ab, welches dem hier formulierten Kriterium der „Anschlußfähigkeit" ähnelt.

[30] Abgesehen davon gibt es Interpretationen des Verfassungsgerichtsurteils, die in der Entscheidung des Gerichts eine Absage an die Transformation des bestehenden föderativen Systems hin zu einem stärker wettbewerblich ausgerichteten System sehen (siehe hierzu etwa *Bull/Mehde* 2000).

[31] Vgl. für eine alternative Ableitung solcher Grundsätze die Vorgehensweise bei *Grossekettler* (1993).

lemente des Finanzausgleichssystems (siehe Tabelle 2, S. 24/25) dienen, die nach Ansicht des Bundesverfassungsgerichts umfassend und grundlegend zu überprüfen sind.

Tabelle 1: Anforderungen an die Neuordnung des Finanzausgleichssystems aus institutionenökonomischer Sicht

(1) Die Regeln des Finanzausgleichssystems sollten die Wahrscheinlichkeit des Auftretens unproduktiver Dilemmasituationen reduzieren bzw. die Realisierung von Kooperationsgewinnen zwischen Bund und Ländern sowie der Länder untereinander ermöglichen.
(2) Die angestrebte Neuordnung des Finanzausgleichssystems sollte verfahrensorientiert und nicht ergebnisorientiert ausgerichtet sein.
(3) Die Regeln des Finanzausgleichssystems dürfen nicht anfällig sein für ein strategisches Verhalten von Bund und Ländern sowie der Länder untereinander.
(4) Die Regeln des Finanzausgleichssystems müssen für alle beteiligten Akteure in gleicher Weise gelten, d.h. Bund oder einzelne Länder dürfen nicht einseitig bevor- oder benachteiligt werden.
(5) Ausgehend von den Bedingungen des Status quo müssen die Regeln des Finanzausgleichssystems einen Interessenausgleich zwischen Bund und Ländern sowie der Länder untereinander ermöglichen, der die effektive Kompensation potentieller Regelverlierer mit einschließt.
(6) Ein Interessenausgleich zwischen Bund und Ländern sowie der Länder untereinander sollte im Rahmen des Finanzausgleichssystems mittels institutioneller Paketlösungen kanalisiert werden, die die politischen Ausgleichsverhandlungen zwischen den beteiligten Akteuren auf sachverwandte Bereiche beschränken.
(7) Die Regeln des Finanzausgleichssystems sollten mit Sanktionsmechanismen versehen werden, die sowohl für einen Anreiz zur Realisierung eines Interessenausgleichs sorgen als auch eine zeitkonsistente glaubhafte Selbstbindung von Bund und Ländern mit Blick auf die Realisierung effizienter Ergebnisse ermöglichen.
(8) Bei der Neuordnung des Finanzausgleichssystems sollte auf die Komplementarität mit vorhandenen formalen wie informellen Regeln geachtet werden, um die Anschlußfähigkeit an die bestehenden Strukturen des föderativen Systems insgesamt zu gewährleisten.

Quelle: Eigene Darstellung.

Dies betrifft wie erwähnt die Regelungen (1) zur Verteilung des Umsatzsteueraufkommens zwischen Bund und Ländergesamtheit, (2) den Länderfinanzausgleich im engeren Sinne sowie (3) die vom Bund den Ländern zufließenden Ergänzungszuweisungen. Auf die Gewährung von Umsatzsteuerergänzungsanteilen, die das Gericht als unbedenklich einstuft, soll demgegenüber im weiteren nicht näher eingegangen werden.

3.2. Die Verteilung des Umsatzsteueraufkommens zwischen Bund und Ländern

Vollkommen unerwartet, weil in keinem der Normenkontrollanträge enthalten, hat das Bundesverfassungsgericht (*BVerfG* 1999, S. 86-88) die bisherige Praxis der Umsatzsteuerverteilung zwischen Bund und Ländern verworfen und festgestellt, daß der verfassungsrechtliche Auftrag des Art. 106 Abs. 3 Satz 4 GG bisher nicht erfüllt worden ist. Er verlangt, daß bei der Verteilung des Umsatzsteueraufkommens zwischen Bund und Ländergesamtheit im Rahmen der „laufenden Einnahmen" unter Berücksichtigung der „notwendigen Ausgaben" und einer „mehrjährigen Finanzplanung" ein „billiger Ausgleich" erfolgt, bei dem „eine Überlastung der Steuerpflichtigen vermieden und die Einheitlichkeit der Lebensverhältnisse im Bundesgebiet gewahrt wird". Diese Bestimmungen sind – so das Gericht – im Rahmen des gegenwärtigen Verfahrens der Umsatzsteuerverteilung nahezu funktionslos geworden, da sie kaum beachtet und damit nicht sachgerecht angewendet werden. In der Vergangenheit haben Bund und Länder bei der Steuerverteilung auf der Grundlage ihrer jeweiligen Finanzplanung lediglich einen Ausgleich der sogenannten Deckungsquoten (Quotient aus „laufenden Einnahmen" und „notwendigen Ausgaben") vorgenommen.

Im Ergebnis soll die Umsatzsteuerverteilung dazu führen, daß die Deckungsquoten beim Bund und bei der Ländergesamtheit „auf Dauer in etwa gleich hoch sind" (*Wolf* 1982, S. 257). Das Verfahren war und ist jedoch aus mehreren Gründen umstritten. So konnten sich Bund und Länder bislang nicht darauf einigen, was zu den laufenden Einnahmen zu rechnen ist. Streitpunkte sind beispielsweise der Bundesbankgewinn oder die Abführungen des Bundes an die EU. Zudem enthält die Finanzplanung von Bund und Ländern nicht allein realisierbare, sondern auch wünschenswerte Ausgaben, deren Notwendigkeit jedoch wechselseitig bestritten wird (siehe *Renzsch* 1999a, S. 717; *Peffekoven* 1999, S. 710; *Wissenschaftlicher Beirat* 1996, S. 21 ff.).

3.2.1. Das bestehende Verfahren der Umsatzsteuerverteilung als Dilemmasituation

Ein besonderes Problem stellen die mit dem praktizierten Verfahren der Umsatzsteuerverteilung verbundenen Fehlanreize dar, die auf Bundes- wie auf Länderebene eine unsolide Ausgabenpolitik „prämieren" bzw. eine Politik der strikten Haushaltsdisziplin „bestrafen". Aus institutionenökonomischer Sicht kann diese Situation als Resultat eines klassischen Gefangenendilemmas interpretiert werden, bei der die strategischen Interdependenzen der Akteure die Realisierung des kollektiv vorteilhaften Spielergebnisses verhindern. Die Struktur dieses wechselseitigen sozialen Dilemmas kann dabei in knapper Form wie folgt charakterisiert werden (siehe Schema 1, S. 25): Grundsätzlich stehen Bund wie Ländern zwei Verhaltensstrategien offen. Sie können wählen zwischen einer soliden Politik der strikten Haushaltsdisziplin (Strategie I) oder einer großzügigen Ausgabenpolitik mit dem Ziel, sich über die Umsatzsteuerzuteilung zu refinanzieren (Strategie II). Würden Bund und Länder Strategie I wählen, wäre – unter sonst gleichen Bedingungen – davon auszugehen, daß es zu keiner übermäßig expansiven, den „tatsächlichen" politischen Ausgabenbedarf ignorierenden Haushaltspolitik kommt. Damit würde nicht nur die verfassungsmäßig unerwünschte Überlastung der Steuerpflichtigen vermieden. Darüber hinaus könnten gesellschaftlich als wünschenswert angesehene, zeit- und raumabhängig jedoch divergierende Ausgabenbelastungen bei Bund und Ländern durch eine adäquate Umsatzsteuerverteilung besser als bisher bedient werden. Die Realisierung einer pareto-effizienten Situation wäre die Folge (Quadrant IV).

Tabelle 2: Die vier Stufen des Steuerverteilungs- und Ausgleichssystems im Finanzausgleich

(1) Umsatzsteuerverteilung zwischen Bund und Ländergesamtheit
Rechtsgrundlage: Art. 106 Abs. 3 und Abs. 4 GG. Regelt nach Abzug der Umsatzsteueranteile für die Rentenversicherung und die Gemeinden die Umsatzsteuerverteilung zwischen Bund und Ländern, gemäß dem Verhältnis aus „laufenden Einnahmen" und „notwendigen Ausgaben" (sog. Deckungsquotenverfahren), wobei eine Neufestsetzung der Umsatzsteueranteile bei wesentlichen Abweichungen der Einnahmen- und Ausgabenentwicklung von Bund und Ländern vorgesehen ist (sog. Revisionsklausel). – **Verteilungsschlüssel** 1998: Bund zu Länder im Verhältnis 50,5:49,5.
(2) Umsatzsteuervorwegausgleich zwischen den Ländern
Rechtsgrundlage: Art. 107 Abs. 1 Satz 4 GG in Verbindung mit § 2 Abs. 1 u. 2 FAG Regelt die Verteilung des Länderanteils am Umsatzsteueraufkommen, wobei 75 % des Aufkommens nach der Einwohnerzahl und 25 % nach der Finanzkraft verteilt werden. Zur Finanzkraft werden hierbei alle Steuereinnahmen der Länder (ohne Aufkommen der Umsatzsteuer sowie der Gemeindesteuern) gerechnet. **Verteilungsregel:** Alle Länder unter 92 % der länderdurchschnittlichen Finanzkraft erhalten Ergänzungsanteile bis zu 92 % der länderdurchschnittlichen Finanzkraft. – **Ausgleichsvolumen** 1998: 14,3 Mrd. DM.
(3) Horizontaler Finanzausgleich zwischen den Ländern
Rechtsgrundlage: Art. 107 Abs. 2 Satz 1 und 2 GG in Verbindung mit §§ 6-10 FAG Regelt den Ausgleich nach Gegenüberstellung von Finanzkraft- und Ausgleichsmeßzahl. **Ermittlung der Finanzkraftmeßzahl:** Die Finanzkraft eines Landes ergibt sich als Summe der Einnahmen eines Landes und seiner Gemeinden (§ 6 Abs. 1 FAG). Zu den Einnahmen eines Landes zählen deren Steuereinnahmen sowie das Aufkommen aus der Förderabgabe nach § 31 Bundesberggesetz. Zu den Gemeindesteuern zählen die Anteile an Einkommen- und Umsatzsteuer sowie das normierte Aufkommen der Realsteuern. Die Gemeindesteuern werden hälftig berücksichtigt (§ 7 Abs. 1 und 2 FAG). Die Bundesländer Bremen, Hamburg, Mecklenburg-Vorpommern und Niedersachsen erhalten pauschalierte Abzüge für ihre Seehäfen (§ 7 Abs. 3 FAG). **Ermittlung der Ausgleichsmeßzahl:** Die Ausgleichsmeßzahl dient als Indikator für den Finanzbedarf eines Landes (§ 6 Abs. 2 FAG). Bei der Ermittlung dieser Größe werden die auszugleichenden Einnahmen jeweils getrennt für Länder und Gemeinden je Einwohner im Bundesdurchschnitt berechnet und mit der Einwohnerzahl des jeweiligen Bundeslandes multipliziert. Der Finanzbedarf wird somit mit dem länderdurchschnittlichen Pro-Kopf-Steueraufkommen gleichgesetzt. Die Einwohner der Stadtstaaten (Berlin, Bremen, Hamburg) werden mit dem Faktor 1,35 gewichtet (§ 9 Abs. 2 FAG). Bei der Ermittlung der Ausgleichsmeßzahl für die Gemeindesteuern werden die Einwohner nach Ortsgröße und Siedlungsdichte gewichtet (§ 9 Abs. 3 FAG). **Ausgleichsmechanismus (Verteilungsregel):** Liegt die Ausgleichsmeßzahl eines Landes über dessen Finanzkraftmeßzahl, erhält es Ausgleichszuweisungen. Dabei werden die Fehlbeträge bis 92 % vollständig ausgeglichen, darüber hinaus zu 37,5 % (§ 10 Abs. 1 FAG). Die Ausgleichszuweisungen werden über Abschöpfungen bei denjenigen Ländern finanziert, deren Finanzkraftmeßzahl die Ausgleichsmeßzahl übersteigt. Dabei gilt ein gebrochen-progressiver Tarif (§ 10 Abs. 2 FAG). Im Bereich zwischen 100-101 % der Ausgleichsmeßzahl werden 15 %, im Bereich zwischen 101-110 % werden 66 % und über 110 % werden 80 % der Finanzkraft eines ausgleichspflichtigen Landes abgeschöpft. – **Ausgleichsvolumen** 1998: 13,5 Mrd. DM.

Institutionenökonomische Aspekte der Neuordnung des Finanzausgleichs 25

(4) Ergänzungszuweisungen des Bundes an die Länder
Rechtsgrundlage: Art 107 Abs. 2 Satz 3 GG in Verbindung mit § 11 FAG Regelt die Zuweisungen des Bundes an die finanzschwachen Länder im Rahmen des Länderfinanzausgleichs. Es bestehen unterschiedliche Typen von Bundesergänzungszuweisungen: **Fehlbetrags-Bundesergänzungszuweisungen:** Sie gleichen die nach Länderfinanzausgleich im engeren Sinne an 100 % noch fehlende Finanzkraft zu 90 % aus (§ 11 Abs. 2 FAG). Allen Ländern werden damit 99,5 % der länderdurchschnittlichen Finanzkraft garantiert. – Volumen 1998: 5,8 Mrd. DM. **Sonderbedarfs-Bundesergänzungszuweisungen** für die teilungsbedingten Lasten des wirtschaftlichen Aufbaus in den neuen Bundesländern. – Volumen 1998: 14 Mrd. DM. **Übergangs-Bundesergänzungszuweisungen** für finanzschwache alte Bundesländer aufgrund vereinigungsbedingter Finanzkraftverschiebungen mit jährlicher Kürzungsrate von 10 %. – Volumen 1998: 1 Mrd. DM. **Sonderbedarfs-Bundesergänzungszuweisungen** für den Ausgleich überproportional hoher Kosten der politischen Führung an kleine finanzschwache Länder. – Volumen 1998: 1,5 Mrd. DM. **Sonder-Bundesergänzungszuweisungen** für Länder in Haushaltsnotlagen (Bremen, Saarland). Zunächst befristet bis 1998, einmalige Verlängerung bis 2004 (degressiv gestaffelt) – Volumen 1998: 3,4 Mrd. DM. **Gesamtvolumen** der Bundesergänzungszuweisungen 1998: 25,7 Mrd. DM.

Quelle: Erweiterte Darstellung in Anlehnung an *Döring* (1999, S. 242).

Schema 1: Das Zusammenspiel zwischen Bund und Ländergesamtheit bei der vertikalen Verteilung des Umsatzsteueraufkommens

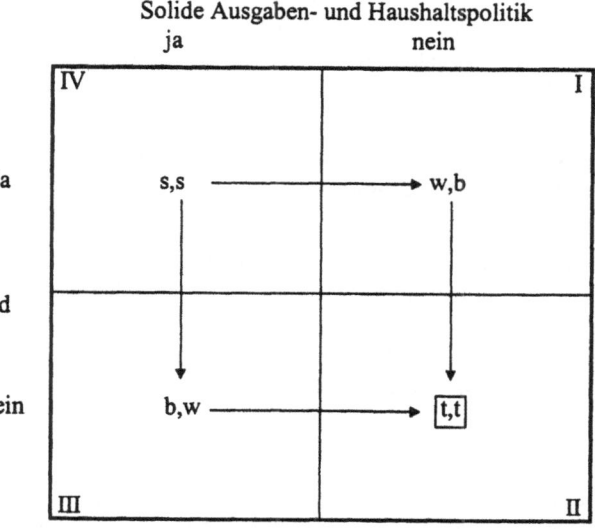

Der pay-off vor dem Komma gilt für die Länder, der nach dem Komma für den Bund. Hierbei gilt folgende Zuordnung: b=best, s=second best, t=third best, w=worst. Die vertikalen Pfeile repräsentieren die Vorteilsüberlegungen der Länder, die horizontalen Pfeile die des Bundes. Das Spielergebnis ist eingerahmt.
Quelle: Eigene Darstellung.

In dem Maße jedoch, wie das bestehende Deckungsquotenverfahren sich an den zu erwartenden Einnahmen, vor allem aber an den tatsächlichen bzw. den geplanten Ausgaben orientiert, werden Bund und Länder zur Verfolgung von Strategie II gezwungen. Unabhängig davon, welche Verhaltensstrategie die jeweils andere Seite wählt, ist es für den Bund wie für die Länder rational, die „vorhandenen Steuereinnahmen bis auf den letzten Pfennig für sogenannte 'notwendige' Ausgaben auszugeben, ja diese sogar per Verschuldung sogar noch zu steigern, um die jeweilige Position bei der Verteilung der Umsatzsteuer zu halten" (*Färber* 1999, S. 107). Die Folge ist die typische Situation eines Gefangenendilemmas, bei dem beide Seiten aufgrund der durch das Verfahren der Umsatzsteuerverteilung gesetzten Anreize das sowohl unter haushaltspolitischen Aspekten als auch unter dem Aspekt der steuerlichen Belastung der Bürger pareto-ineffiziente Ergebnis realisieren (Quadrant II).[32]

Eine bereits seit längerem diskutierte Lösung der beschriebenen Dilemmasituation könnte darin bestehen, vom Deckungsquoten- zum Deckungslückenverfahren überzugehen.[33] Die Umsatzsteuerverteilung würde sich danach an der absoluten (und nicht der relativen) Höhe der Unterdeckung der Haushalte auf Bundes- und Länderebene orientieren, die in gleichem Ausmaß, d.h. prozentual gleich zu verringern wären. Reine Budgetverlängerungen oder Budgetverkürzungen blieben dann ohne Einfluss auf die Ausgabendeckung mit der Folge, daß das Verteilungsverfahren weniger strategieanfällig wäre. Ein strategisches Verhalten von Bund und Ländern könnte allerdings auch beim Deckungslückenverfahren nicht gänzlich ausgeschlossen werden, da sich die gemessene Unterdeckung durch ein Einbeziehen oder Ausklammern einzelner Einnahmen und Ausgaben manipulieren ließe. Darüber hinaus dürfte ein Übergang zum Deckungslückenverfahren nur dann bei den betroffenen Akteuren zustimmungsfähig sein, wenn die Haushaltsvolumina von Bund und Ländern annähernd gleich sind. Ein deutlicher Unterschied würde demgegenüber relativ zum Status quo die Verhandlungsposition derjenigen Ebene verschlechtern, die über das größere Haushaltsvolumen verfügt.

3.2.2. Mögliche Lösungen der bestehenden Dilemmasituation bei der Verteilung des Umsatzsteueraufkommens

Folgt man dem Urteil des Bundesverfassungsgerichts, soll die bestehende Dilemmasituation durch eine langfristig angelegte, auf einheitlichen Maßstäben beruhende Finanzplanung und eine darauf aufbauende Steuerverteilung vermieden werden, die an „einer Erforderlichkeits- und Dringlichkeitsbewertung von Ausgabenstrukturen der Haushaltswirtschaft von Bund und Ländern" (*BVerfG* 1999, S. 87) ausgerichtet ist. Es liegt dem implizit die Vorstellung zugrunde, die Umsatzsteuerverteilung zu „einer reinen Rechenoperation" zu

---

[32] Eine ähnliche Einschätzung findet sich bereits bei *Wolf* (1982, S. 326): „Die Neigung der Haushaltspolitiker jeder föderativen Ebene, die eigenen Aufgaben für vordringlich gegenüber den Aufgaben der anderen Ebenen zu halten, führt zu einer die gesamtstaatlichen Finanzierungsmöglichkeiten weit überschreitenden Summe der einzelnen Angaben über den jeweiligen öffentlichen Ausgabenbedarf". Vgl. ebenfalls kritisch zum bestehenden Deckungsquotenverfahren und den daraus resultierenden Anreizen für Bund und Länder *Grosskettler* (1994, S. 109).

[33] Vgl. zu diesem Vorschlag etwa *Hidien* (1998, S. 144) oder *Wissenschaftlicher Beirat* (1996, S. 27).

machen (*Peffekoven* 1999, S. 711). Diesem Anliegen des Verfassungsgerichts sind jedoch unter ökonomischen Aspekten praktische Grenzen gesetzt. So wurde bereits in der Vergangenheit im Rahmen finanzwissenschaftlicher Gutachten darauf hingewiesen, daß es unmöglich ist, die „Notwendigkeit" von öffentlichen Ausgaben ebenso wie die Abgrenzung der „laufenden" Einnahmen objektiv und befreit von politischen Abwägungsprozessen eindeutig zu bestimmen.[34]

Vor diesem Hintergrund verbleiben dem Gesetzgeber letztlich wohl nur zwei Möglichkeiten, um auf das Urteil des Bundesverfassungsgerichts zu reagieren.[35] Eine weitgreifende, grundsätzliche Lösung würde darin bestehen, das bestehende Steuerverbundsystem durch ein Trennsystem zu ersetzen, um auf diese Weise zu einer Entflechtung der Verantwortungsbereiche von Bund und Ländern beizutragen (*Wissenschaftlicher Beirat* 1996, S. 39). Dies würde – je nach Ausmaß der „Politikentmischung" – eine periodisch wiederkehrende Umsatzsteuerneuverteilung entweder weitgehend überflüssig machen oder auf den Fall der Vermeidung schwerer „Verwerfungen" in den Finanzen von Bund und Ländern beschränken. Gegen diese Lösung spricht jedoch das Ausmaß der zu erwartenden Transaktionskosten, das mit einer Systemtransformation weg von dem bislang dominierenden Grundmuster des kooperativen Föderalismus hin zu einem stärker wettbewerblich gestalteten System verbunden wäre.[36] Innerhalb des vom Bundesverfassungsgerichts vorgegebenen engen Zeitrahmens bis Ende 2002 dürfte bei einem solch radikalen „Pfadwechsel" die für eine aus institutionenökonomischer Sicht erforderliche Komplementarität mit den formalen wie informellen Regeln, wie sie die bisherige Entwicklung des deutschen Finanzföderalismus hervorgebracht hat, kaum gewährleistet sein.

Realistischer weil „anschlußfähiger" an die bestehenden institutionellen Regeln ist demgegenüber eine Strategie, die – ausgehend von den Bedingungen des Status quo – die der bisherigen Verteilung des Umsatzsteueraufkommens explizit oder implizit zugrundeliegenden Regeln klarer definiert. Aus institutionenökonomischer Sicht hat eine solche Konkretisierung der Regeln dabei nicht ergebnisorientiert im Sinne der Formulierung von objektivierbaren Indikatoren der Umsatzsteuerverteilung, sondern vielmehr verfahrensorientiert zu erfolgen. Dies könnte durch die Schaffung eines institutionellen Rahmens gewährleistet werden, der zum einen dazu beiträgt, die bisher gängige Praxis der politischen Kompromißfindung zwischen Bund und Ländern an festgelegte Verfahrensregeln zu bin-

---

[34] Vgl. *Wissenschaftlicher Beirat* (1996) sowie *Sachverständigenkommission zur Vorklärung finanzwissenschaftlicher Fragen für künftige Neufestlegungen der Umsatzsteueranteile* (1981).

[35] Eine weitere Lösung wäre, die Begriffe „laufende Einnahmen" und „notwendige Ausgaben" aus dem Grundgesetz zu streichen und durch „Einnahmen" und „Ausgaben" zu ersetzen (*Renzsch* 1999a, S. 718, Fn. 3). Dies würde allerdings an der bestehenden Situation des Gefangenendilemmas nichts ändern.

[36] So wäre für den Übergang zu einem umfassenden Trennsystem nicht allein eine Entflechtung der bestehenden Einnahmenverteilung notwendig, sondern ebenso eine Neugestaltung der Aufgaben- und Ausgabenverteilung. Zu diesem Zweck wäre jedoch die Aufhebung der bestehenden funktionalen Kompetenzdifferenzierung zwischen Bund und Ländern erforderlich, die bislang die Gesetzgebungskompetenzen weitgehend dem Bund und die Verwaltungskompetenzen weitgehend den Ländern und Gemeinden zuordnet. Allein der Aufbau eigener Verwaltungsstrukturen durch den Bund wäre dabei mit erheblichen Kosten verbunden. Vgl. hierzu etwa *Huber/Lichtblau* (1999, S. 75).

den, und der zum anderen den politischen Akteuren zugleich genügend Spielraum für unumgängliche politische Bewertungen beläßt.[37] Auf diese Weise könnte auch den Schwierigkeiten Rechnung getragen werden, exakt bestimmen zu müssen, was in den Bund-Länder-Finanzbeziehungen als „notwendig" angesehen wird. Als notwendig könnten danach etwa Ausgaben angesehen werden, auf die sich Bund und Länder konsensual in einer gemeinsamen Finanzplanung einigen (*Wissenschaftlicher Beirat* 1996, S. 31). Für ein solches Vorgehen würde sprechen, daß Bund und Länder ihre fiskalischen Interessen unter sich verändernden politischen Rahmenbedingungen gleichberechtigt zur Geltung bringen können. Damit würde gleichzeitig der grundlegenden Einsicht Rechnung getragen, daß innerhalb einer demokratisch verfaßten Gesellschaft die Frage, welche öffentlichen Aktivitäten als zweckmäßig anzusehen sind, letztlich nur im politischen Prozeß entschieden werden kann.

Eine gemeinsame Finanzplanung von Bund und Ländern führt jedoch noch nicht automatisch zu effizienteren Ergebnissen. So besteht die Gefahr, daß die relevanten Akteure sich auch im Rahmen dieser Finanzplanung zur Verbesserung der eigenen Verhandlungsposition lediglich strategisch verhalten, etwa durch eine übertriebene Darstellung des eigenen zukünftigen Ausgabenbedarfs. Will man das Verteilungsverfahren weniger strategieanfällig gestalten, sollte der Verhandlungsspielraum zwischen Bund und Ländern begrenzt werden. Eine denkbare Lösung könnte hierbei sein, daß das Umsatzsteueraufkommen zum überwiegenden Teil bereits vorab nach einem festen Schlüssel zwischen Bund und Ländern verteilt wird und lediglich das verbleibende Restaufkommen Gegenstand von Verhandlungen ist. Für den Fall, daß Bund und Länder dabei nicht gewillt sind, sich auf eine gemeinsame Auslegung der relevanten Schlüsselbegriffe zur Verteilung dieses Restaufkommens innerhalb eines vorgegebenen Zeitrahmens zu einigen, könnte dieser Anteil am Umsatzsteueraufkommen automatisch einer (zweckgebundenen) Andersverwendung zufließen (z.B. einer Pro-Kopf-Rückverteilung an die Steuerzahler oder der gleichmäßigen Schuldentilgung bei Bund und Ländern). Dies könnte den Anreiz zur Suche nach tragfähigen Konsenslösungen stärken. So wäre auch ein möglicher Kooperationsgewinn definiert. Wenn nicht innerhalb einer gewissen Zeit eine Einigung erfolgt, erlangt keine der beiden Ebenen zusätzliche Mittel. Einigen sie sich auf eine angemessene Verteilung können sie einen Kooperationsgewinn erzielen.

Um zu verhindern, daß Bund und Länder sich im Rahmen einer solchen Konsenslösung auf einen wenig sachgerechten Verteilungsschlüssel einigen, der effektiv divergierenden Ausgabenbelastungen zwischen Bund und Ländern nicht angemessen Rechnung trägt, sind weitere institutionelle Restriktionen, die das Verhandlungsergebnis entsprechend kanalisieren, denkbar. So bestünde zum einen die Möglichkeit, ein unabhängiges Expertengremium regelmäßig oder nach Aufforderung mit der Suche nach Lösungsvorschlägen für eine angemessene Verteilung des Umsatzsteueraufkommens zu beauftragen. Einem solchen Ex-

---

[37] Dies schließt nicht aus, daß die politischen Akteure im Rahmen eines solchen Verfahrens auf Kriterien zur Bestimmung der „notwendigen Ausgaben" und der „laufenden Einnahmen" zurückgreifen, wie sie etwa der *Wissenschaftliche Beirat* (1996) in seinem Gutachten zur Einnahmenverteilung zwischen Bund und Ländern vorgeschlagen hat.

pertengremium käme eine nicht zu unterschätzende Signalfunktion für die Entscheidungsfindung im politischen Prozeß zu.[38]

Zum anderen könnten unsachgemäße Verhandlungsergebnisse auch durch institutionalisierte Paketlösungen vermieden werden. So ist beispielsweise denkbar, daß Steuerrechtsänderungen des Bundes, die – wie in der Vergangenheit durchgehend zu beobachten (siehe *Färber* 1999, S. 108) – auf Länderebene zu größeren Steuerausfällen als auf Bundesebene führen, systematisch (und nicht nur fallweise) in die Verhandlungen um die Umsatzsteueranteile von Bund und Ländern einbezogen werden, darüber hinausgehende „Tauschgeschäfte" aber ausgeschlossen bleiben. Solche institutionalisierten Paketlösungen würden zu mehr Transparenz in den Verhandlungsprozessen zwischen Bund und Ländern führen, da sie die Inhalte von Verhandlungspaketen an klare Regeln im Sinne eines Sets vorgegebener Möglichkeiten binden.[39] Dies hätte darüber hinaus – bezogen auf das genannte Beispiel – den Vorteil, daß die fiskalischen Folgewirkungen des haushaltspolitischen Verhaltens von Bund und Ländern insgesamt in den Verhandlungsprozeß einbezogen werden. Das Verfahren der Umsatzsteuerverteilung hätte dann den Charakter eines Kompensationsinstruments für politisch nicht selbst zu verantwortende fiskalische Benachteiligungen durch die jeweils andere Staatsebene. In dem Maße, wie dies für Bund und Länder in gleicher Weise gilt, dürfte eine solche Regelung bei den betroffenen Akteuren durchaus wechselseitig zustimmungsfähig sein.

3.3. Der horizontale Finanzausgleich unter den Ländern

Zur Ausgestaltung des horizontalen Finanzausgleichs zwischen den Ländern gemäß Art. 107 Abs. 2 GG hat das Urteil des Bundesverfassungsgerichts wichtige Grundsätze formuliert, die den überkommenen politischen Gestaltungsspielraum deutlich einengen, indem auch hier die Formulierung von Maßstäben gefordert wird, aus denen die konkreten Ausgleichsansprüche und -pflichten abgeleitet werden können. Vor diesem Hintergrund wird eine Konkretisierung des Begriffs der Finanzkraft, die Überprüfung bislang berücksichtigter Sonderbedarfe (Hafenlasten, Einwohnergewichtung der Stadtstaaten) sowie die Ent-

---

[38] So stellt etwa der *Wissenschaftliche Beirat* (1996, S. 37) fest: „Einer solchen Expertenkommission könnten zwar keine Entscheidungen übertragen werden, aber sie sollte eigene Berechnungen anstellen und Vorschläge machen, die veröffentlicht werden. Sich einfach darüber hinwegzusetzen, fiele Bund und Ländern nicht leicht". Kritisch dazu äußert sich *Korioth* (1997, S. 505), der ausgehend von der Tatsache, daß alle Beteiligten und Betroffenen an den Verhandlungen teilnehmen, die Rolle einer unabhängigen Expertenkommission höchstens in einer Moderationsfunktion sieht.

[39] Dies könnte die Wahrscheinlichkeit verringern, daß von diesem Kontext unabhängige Sachverhalte in die Verhandlungen einbezogen werden. Als Beispiel für eine solche sachfremde Verknüpfung kann die Ausweitung der Stimmenzahl der Länder mit mehr als 7 Mio. Einwohnern im Bundesrat von fünf auf sechs Stimmen im Rahmen der Umsatzsteuerverteilungsverhandlungen 1991/92 gesehen werden. Vgl. dazu *Korioth* (1997, S. 503, Fußnote 11). Entgegen der aktuell geäußerten Kritik an der Art und Weise des Zustandekommens der Zustimmung des Bundesrates zur jüngsten Steuerreform der Bundesregierung (siehe *Lambsdorff* 2000; *Starck* 2000) sind aus dieser Perspektive solche „Paketlösungen" demgegenüber durchaus akzeptabel, die – wie im genannten Beispiel – eine Reform der Einkommen- und Körperschaftsteuer als Gemeinschaftsteuern von Bund und Ländern mit der Neuordnung des Länderfinanzausgleichs verbinden.

wicklung einer Ausgleichskonzeption gefordert, die anhand einheitlicher Kriterien systemimmanent einen angemessenen Ausgleich sichert.

Dabei gilt laut Gericht (*BVerfG* 1999, S. 89) als generelle Regel, daß der Finanzausgleich „die Finanzkraftunterschiede unter den Ländern verringern, aber nicht beseitigen" soll. Und weiter: „Die Ausgleichspflicht des Art. 107 Abs. 2 GG fordert deshalb nicht eine finanzielle Gleichstellung der Länder, sondern eine ihren Aufgaben entsprechende hinreichende Annäherung ihrer Finanzkraft. Die Balance zwischen Eigenstaatlichkeit der Länder und bundesstaatlicher Solidargemeinschaft wäre [...] verfehlt, wenn die Maßstäbe des horizontalen Finanzausgleichs oder ihre Befolgung die Leistungsfähigkeit der gebenden Länder entscheidend schwächen oder zu einer Nivellierung der Länderfinanzen führen würden. Das Gebot, die unterschiedliche Finanzkraft der Länder nur angemessen und ohne Nivellierung auszugleichen, verbietet außerdem eine Verkehrung der Finanzkraftreihenfolge unter den Ländern im Rahmen des horizontalen Finanzausgleichs [...] Eine Solidarität unter Bundesstaaten mindert Unterschiede, ebnet sie nicht ein" (*BVerfG* 1999, S. 90).

3.3.1. Die bestehende Ausgestaltung des horizontalen Finanzausgleichs als Dilemmasituation

Die Sichtweise des Bundesverfassungsgerichts steht zumindest nicht im Widerspruch zu einer institutionenökonomischen Perspektive, die den Länderfinanzausgleich jenseits eines bloßen Umverteilungsinstruments vertragstheoretisch als eine Art Versicherungssystem interpretiert, welches den Transfer von Ressourcen einschließt, um Zustimmung für die föderative Gesamtordnung als Grundlage bundesstaatlicher Solidarität zu gewinnen (siehe *Döring* 1999, S. 238). Danach ist der Vorteil eines föderativen Staatsaufbaus in Form einer durch Dezentralität und Wettbewerb bedingten höheren Effizienz des öffentlichen Güterangebots nur dann zu realisieren, wenn die damit verbundene räumlich unterschiedliche Versorgung mit öffentlichen Gütern sowie auch regionale Disparitäten akzeptiert werden. Der Länderfinanzausgleich sorgt für einen gewissen Ausgleich dieser Unterschiede, in dem er den finanzschwachen Ländern Mittel zur Verfügung stellt, die diese auch zur besseren Ausschöpfung ihres regionalen Wachstumspotentials nutzen können. Hinzu kommt aus einer historischen, den Aspekt institutioneller Pfadabhängigkeiten berücksichtigenden Perspektive, daß das deutsche föderative System – etwa im Unterschied zur Schweiz oder den Vereinigten Staaten von Amerika – von seiner gesamten Struktur und Funktionsweise her auch ein relativ hohes Maß an Gleichförmigkeit und fiskalischen Ausgleich voraussetzt. So ergibt sich bereits aus der verfassungsrechtlichen Aufgabenverteilung zwischen Bund und Ländern in Form einer weitgehend kooperativen Erfüllung staatlicher Aufgaben das Erfordernis, daß unter den einzelnen deutschen Ländern kein zu großes Gefälle besteht (siehe *Münch* 1999, S. 307).

Je stärker im Länderfinanzausgleich allerdings die Transferhöhe einerseits und die individuellen Beiträge der Transferempfänger zur gesellschaftlichen Kooperation andererseits entkoppelt sind, desto schwächer sind die Anreize für alle Akteure (finanzkräftige wie finanzschwache Länder[40]), einen Beitrag zu dieser Kooperation zu leisten. Das Ergebnis ist

---

40 Gegenwärtig (Stand 1998) zählen die Länder Bayern, Baden-Württemberg, Hessen, Nordrhein-Westfalen, Hamburg und Schleswig-Holstein zu den (finanzkräftigen) Zahlerländern im

auch hier eine soziale Dilemmasituation. Die Anreize des bestehenden Finanzausgleichs bedingen bei den Ländern die Bevorzugung einer Strategie nicht-kooperativen Verhaltens, was in der Summe zu einer kollektiven Selbstschädigung führt.

Dies betrifft zum einen die Problematik einer „unangemessenen" Steuererhebungspolitik: Ausgehend vom bestehenden Länderfinanzausgleich erscheint es nicht zuletzt unter Ansiedlungserwägungen aus der Perspektive eines Landes lohnend, Steuererlasse und Steuerstundungen als Mittel der Wirtschaftspolitik einzusetzen. Als Minderungen der Steuerschuld werden diese Maßnahmen zum großen Teil von den anderen Ländern über den Länderfinanzausgleich refinanziert (siehe *Färber* 1993, S. 309). Sowohl für finanzstarke wie auch für finanzschwache Länder bietet sich eine Strategie an, bei der die Steuern nur im gesetzlich notwendigen Rahmen erhoben werden. Alle Fälle im Ermessensbereich der jeweiligen Landesbehörden werden zugunsten der Zensiten entschieden. Falls ein Land sich anders verhält, d.h. falls es relativ „streng" bei der Steuererhebung vorgehen würde, könnte es aufgrund der Regelungen des Finanzausgleichs die entsprechenden Mehreinnahmen nicht in vollem Umfang realisieren.[41] Bei finanzstarken Ländern würde ein wesentlicher Teil der Steuermehreinnahmen (in Höhe der Grenzbelastung) abgeschöpft und bei finanzschwachen Ländern würden die Zuweisungen (in Höhe der Grenzbelastung) sinken.[42] Im Ergebnis führt dies jedoch zu einem „impliziten" Steuersenkungswettlauf zwischen den Ländern, der eine gemessen an den Präferenzen der Bürger als wünschenswert angesehene Bereitstellung von öffentlichen Gütern – wenn nicht von vornherein verhindert – so doch zumindest gefährdet. In diesem Sinne handelt es sich um eine pareto-inferiore Situation in Form eines echten Gefangenendilemmas.[43]

Zum anderen stellen auch die Anreizwirkungen des Finanzausgleichs für eine steuerkraft-steigernde Wirtschaftspolitik eine Dilemmasituation dar.[44] Anders als in der Literatur bisweilen diagnostiziert (siehe *Homburg* 1996, S. 338), handelt es sich hierbei allerdings nicht um den klassischen Fall eines Gefangenendilemmas. Die mit dem aktuellen Finanzausgleichsgesetz verbundenen Fehlanreize und die daraus resultierenden strategischen Interdependenzen im Sinne eines wechselseitigen sozialen Dilemmas lassen sich wie folgt charakterisieren (vgl. Schema 2): Grundsätzlich stehen finanzschwachen wie finanzstarken Ländern zwei Verhaltensstrategien offen. Sie können wählen zwischen einer Politik, die mittels wirtschafts- und strukturpolitischer Maßnahmen zur Ausweitung der ländereigenen

---

Länderfinanzausgleich. Zu den (finanzschwachen) Empfängerländern gehören demgegenüber Berlin, Bremen, Brandenburg, Mecklenburg-Vorpommern, Niedersachsen, Sachsen, Sachsen-Anhalt, Thüringen, Rheinland-Pfalz sowie das Saarland.

[41] Die *OECD* (1998, S. 84) spricht in diesem Zusammenhang mit Blick auf Deutschland von einer „differential state interpretation of the provisions of federal tax law".

[42] Simulationsrechnungen führen hier zu dem Ergebnis, daß der Finanzausgleich von 1 DM zusätzlicher Einkommensteuer mindestens 70%, in den meisten Ländern sogar 80% bis 90% abschöpft. Für die Ländersteuern ist das Ergebnis ähnlich: Von 1 DM zusätzlichem Aufkommen verbleiben im besten Fall 42 Pfennig, im schlechtesten Fall bleibt gerade 1 Pfennig im Landeshaushalt. Vgl. *Huber/Lichtblau* (1998, S. 144).

[43] Die Auszahlungsmatrix läßt sich analog zu derjenigen in Schema 1 darstellen.

[44] Die Relevanz der Anreizargumentation wird in Teilen der Literatur allerdings durchaus skeptisch gesehen. Vgl. dazu etwa *Färber* (1999, S. 125f.); *Renzsch* (1999b, S. 159); *Bull* (1999).

Steuerkraft (Strategie I) beiträgt, oder einer Politik, die entsprechende Maßnahmen unterläßt und damit die vorhandene Steuerkraft zumindest nicht aktiv zu verändern versucht (Strategie II).

Schema 2: Das Zusammenspiel zwischen „reichen" und „armen" Ländern im horizontalen Länderfinanzausgleich

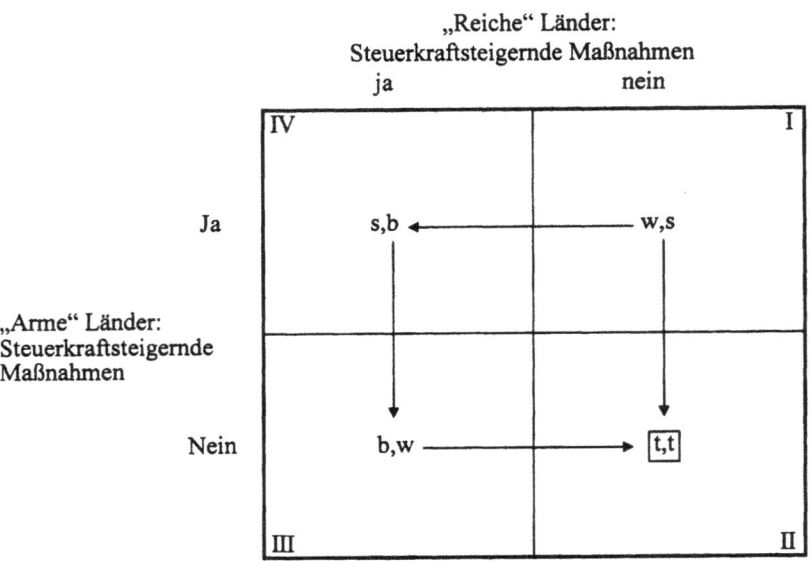

Der pay-off vor dem Komma gilt für die „armen" Länder, der nach dem Komma für die „reichen" Länder. Hierbei gilt folgende Zuordnung: b=best, s=second best, t=third best, w=worst. Die vertikalen Pfeile repräsentieren die Vorteilsüberlegungen der reichen Länder, die horizontalen Pfeile die der armen Länder. Das Spielergebnis ist eingerahmt.

Quelle: *Döring* (1999, S. 243)

Würden finanzstarke wie -schwache Länder Strategie I wählen, ist zumindest langfristig und unter sonst gleichen Bedingungen davon auszugehen, daß es zu einer Ausweitung der Wirtschaftskraft und damit auch des Steuerpotentials aller Länder kommt. Die Realisierung einer pareto-effizienten Kollektivsituation wäre die Folge (Quadrant IV). Im Unterschied zu dieser Kooperationslösung lohnt sich jedoch zumindest aus kurzfristiger Sicht für die finanzschwachen Länder ein Verhalten in Form der Wahl von Strategie II und zwar unabhängig davon, welche Verhaltensstrategie die finanzstarken Länder präferieren. Der Grund dafür kann im hohen Nivellierungsgrad des bestehenden Finanzausgleichs gesehen werden, der den ausgleichsberechtigten Ländern mindestens 95% der durchschnittlichen Finanzkraft aller Länder garantiert. Damit geht gleichzeitig einher, daß eine etwaige Steigerung der eigenen Finanzkraft bei den finanzschwachen Ländern automatisch zu einer fast vollständigen Kürzung der Ausgleichszahlungen führen würde. Das Unterlassen finanzkraftsteigernder Maßnahmen wird vor diesem Hintergrund für die „ärmeren" Länder zur dominanten Strategie. Aus ihrer Sicht ist es weitaus lohnender, sich ohne aufwendige Eigenanstrengungen über den Länderfinanzausgleich alimentieren zu lassen.

Die Situation der „reicheren" Länder stellt sich demgegenüber anders dar, da sie über keine dominante Strategie verfügen. Ihr Verhalten hängt vielmehr davon ab, welche Strategie die ärmeren Länder wählen. Nur wenn letztere sich für Strategie II entscheiden, legen die Ermittlung des Ausgleichsbedarfs und das hohe Ausgleichsniveau auch auf Seiten der ausgleichspflichtigen Länder die Wahl von Strategie II nahe. Eine einseitige Verfolgung wachstums- und damit steuerkraftsteigernder Maßnahmen durch die reicheren Länder (Strategie I) würde ledig-lich dazu führen, daß die durchschnittliche Finanzkraft aller Länder steigt und der Umfang an zu leistenden Ausgleichszahlungen sich angesichts des bestehenden progressiven Abschöpfungstarifs (in der Regel 66% bis 80% der überdurchschnittlichen Finanzkraft eines ausgleichspflichtigen Landes) deutlich erhöht. Für die politischen Entscheidungsträger in den finanzkräftigeren Ländern dürften solche Maßnahmen unter dieser Bedingung unattraktiv sein, da eine gestiegene originäre Finanzkraft nur sehr begrenzt den eigenen Wählern zugute kommt.

Die Folge ist ein Quasi-Gefangenendilemma, bei dem beide Seiten aufgrund der durch den Länderfinanzausgleich gesetzten Anreize das unter dem Blickwinkel des langfristigen gesellschaftlichen Wachstumspotentials pareto-ineffiziente Ergebnis (Quadrant II) realisieren.[45] Eine Reduzierung der Ausgleichsintensität könnte hier nicht nur zu einer Entlastung der ausgleichspflichtigen Länder führen, sondern sie würde auch die Leistungsbereitschaft der ausgleichsberechtigten Länder heben und damit eine beiderseitige Bewegung hin zu Quadrant IV begünstigen.[46]

3.3.2. Mögliche Auswege aus der bestehenden Dilemmasituation im horizontalen Finanzausgleich

Eine solche Lösung der beschriebenen Dilemmasituation hat das Bunderverfassungsgericht (*BVerfG* 1999, S. 103) mit seiner ausdrücklichen Bestätigung des Ausgleichsniveaus von 95% der durchschnittlichen Finanzkraft aller Länder als „vertretbare Balance zwischen Landesautonomie und bundesstaatlicher Solidarität" jedoch ausgeschlossen. Mit dieser Festlegung widerspricht das Gericht allerdings den selbst gestellten Anforderungen an eine Neugestaltung des Finanzausgleichs. Mit einer Mindestfinanzausstattung von 95% werden die Abstände zwischen den ausgleichsberechtigten Ländern aufgehoben, d.h. die Finanz-

---

[45] Ein „echtes" Gefangenendilemma würde zwei dominante Strategien voraussetzen. Es müßte sich für arme wie reiche Länder in jedem Fall lohnen, auf steuerkraftsteigernde Maßnahmen zu verzichten. Die Interpretation des Länderfinanzausgleichs als ein Quasi-Gefangendilemma ändert jedoch nichts an der Reziprozität der Problemstruktur. Gefangenendilemma und Quasi-Gefangenendilemma führen vielmehr zum gleichen Ergebnis einer kollektiven Selbstschädigung, die nur kollektiv, d.h. durch ein kooperatives Verhalten beider Akteursgruppen überwunden werden kann.

[46] Diese modellhafte Betrachtung setzt voraus, daß die Finanzausgleichsregelungen die wesentliche Verhaltensdeterminante für die Wahl wirtschaftspolitischer Strategien sind. Das muß in der Realität nicht immer der Fall sein. Die Betrachtung hat allerdings den Vorteil, auf einer partialanalytischen Basis die separaten Anreizwirkungen der Finanzausgleichsregelungen zu verdeutlichen.

kraftreihenfolge dieser Länder wird durch den Finanzausgleich verändert. Der mehrheitlich in der finanzwissenschaftlichen Literatur geforderte Übergang zu einem linearen Ausgleichstarif wäre hier die naheliegendere Lösung gewesen (siehe etwa *Peffekoven* 1999, S. 714; *Huber/Lichtblau* 1998, S. 146). Mit einem solchen Tarif würde zudem die vom Gericht (*BVerfG* 1999, S. 104) kritisierte Garantie- und Korrekturklausel gemäß § 10 Abs. 3 FAG (Ländersteuergarantie) überflüssig werden.

Aus institutionenökonomischer Sicht ist das Festhalten am bestehenden Ausgleichsniveau gleich in mehrfacher Hinsicht inadäquat: (1) Es wird damit zum einen keine allgemein gültige Verfahrensregel für den Finanzausgleich festgelegt, sondern in dem Maße, wie jedem Bundesland mindestens 95% der durchschnittlichen Finanzkraft garantiert werden, letztlich ein konkretes Verteilungsergebnis festgeschrieben. (2) Mit dem so definierten Endergebnis und den daraus notgedrungen resultierenden hohen Grenzbelastungen für alle beteiligten Akteure wird darüber hinaus die inhärente Sanktionswirkung eines linearen Ausgleichstarifs vorschnell preisgegeben, den dieser bezogen auf ein zeitkonsistentes und glaubhaftes Bemühen aller Länder um die Ausweitung ihrer eigenen Steuerbasis sowie eine angemessene Steuererhebungspolitik hätte. (3) Schließlich und vor allem wird jedoch mit der Garantie einer Mindestfinanzausstattung das Feld möglicher freiwilliger Tauschakte zwischen den betroffenen Akteuren zur Realisierung von Kooperationsgewinnen im Rahmen der Neugestaltung des Finanzausgleichs unnötig eingeschränkt. Das Ausgleichsniveau selbst (und damit verknüpft die Tarifgestaltung) kann unter diesen Bedingungen nicht mehr zum Gegenstand eines effizienzsteigernden Interessenausgleichs gemacht werden. Oder anders ausgedrückt: Für eine etwaige Kompensation potentieller Regelverlierer bleibt nur offen, wie Finanzkraft und Finanzbedarf zukünftig bestimmt werden sollen.[47]

Die Festschreibung einer Mindestfinanzausstattung könnte – ausgehend vom Status quo – allerdings unter dem Aspekt der politischen Zustimmungsfähigkeit der betroffenen Akteure sowie der besseren Anschlußfähigkeit an die gegenwärtigen Regeln des Finanzausgleichs Sinn machen.[48] Dies setzt jedoch zumindest unter dem Konsenskriterium voraus,

---

[47] Damit wird beispielsweise der auf einen Interessenausgleich hin angelegte Vorschlag zur Neuordnung des Finanzausgleichs von *Huber/Lichtblau* (1997) von vornherein ausgeschlossen, der die bestehende hohe Grenzbelastung durch eine Teilung des Länderfinanzausgleichs in einen tarifgebundenen und einen pauschalierten Transfer zu mindern versucht. Die zur Vermeidung von Fehlanreizen maßgebende Absenkung des Ausgleichstarifs wird dabei vor allem durch die Ausgestaltung der pauschalierten Zuweisungen möglich, die zum einen keinerlei Einfluss auf die Grenzbelastung haben und zum anderen unerwünschte Umverteilungswirkungen verhindern, was unter dem Aspekt der politischen Zustimmungsfähigkeit positiv zu bewerten ist. – Unabhängig davon, ist eine Mindestfinanzausstattung selbst unter dem Ziel nicht zu rechtfertigen, daß auch den leistungsschwachen Ländern die Erfüllung ihres Aufgabenbestandes ermöglicht werden soll. Dies würde vielmehr einen differenzierenden Ausgleich gemäß den länderspezifischen Ausgabenbelastungen erfordern.

[48] Allerdings kann die Garantie einer Mindestausstattung auch als Zustimmung des Verfassungsgerichts zu einem primär ausgleichsorientierten Föderalismus und damit auch zu einem distributiv orientierten Finanzausgleich interpretiert werden. Dies würde dann auch verständlich machen, warum in der unmittelbaren Reaktion der vom Urteil betroffenen Akteure nicht nur die (finanzkräftigen) Klägerländer die Entscheidung des Bundesverfassungsgerichts als Bestätigung ihrer Position interpretiert haben, sondern ebenso der weitüberwiegende Teil der finanzschwächeren Länder.

Institutionenökonomische Aspekte der Neuordnung des Finanzausgleichs 35

daß von den weiteren, vom Bundesverfassungsgericht als überprüfungsbedürftig eingestuften Regeln des bestehenden Finanzausgleichsgesetzes in erster Linie die finanzschwächeren Länder negativ betroffen sind. Dies ist nicht notwendigerweise der Fall. Vielmehr könnte aufgrund der zu erwartenden Modifikationen der Finanzausgleich für die finanzstarken Länder in Zukunft eher teurer als billiger werden (*Renzsch* 1999a, S. 720).

Letzteres betrifft weniger die Abgeltung von sogenannten Seehafenlasten gemäß § 7 Abs. 3 FAG, deren Nutznießer finanzkräftige (Hamburg) wie finanzschwache Länder (Bremen, Mecklenburg-Vorpommern, Niedersachsen) sind. Sie bedürfen laut Bundesverfassungsgericht zukünftig einer gesonderten Rechtfertigung. „Eine solche läßt das Finanzausgleichsgesetz nicht erkennen" (*BVerfG* 1999, S. 99f.). Entsprechend der in der finanzwissenschaftlichen Literatur seit langem vertretenen Auffassung ist hier vielmehr zu prüfen, „ob ähnliche Mehrbedarfe existieren, die dann ebenfalls berücksichtigt werden müßten" (*BVerfG* 1999, S. 100). In dem Maße, wie es sich bei den Seehafenlasten lediglich um die Berücksichtigung von Sonderinteressen einer Minderheit der vom Finanzausgleich betroffenen Länder handelt, spricht aus institutionenökonomischer Sicht unter dem Aspekt, daß die zukünftigen Regeln des Finanzausgleichssystems für alle beteiligten Akteure in gleicher Weise gelten sollten, einiges dafür, die Berücksichtigung von Hafenlasten ersatzlos zu streichen. Dies schließt nicht aus, daß die aus den Seehäfen resultierenden finanziellen Belastungen zukünftig durch direkte Zuweisungen des Bundes an die betroffenen Länder kompensiert werden. Eine notwendige Voraussetzung für solche Zuweisungen wäre allerdings, daß diese Belastungen als fiskalische Sonderbedarfe der betroffenen Länder politisch anerkannt werden, wie dies bisher etwa bei der Gewährung von Bundesergänzungszuweisungen im Rahmen des Länderfinanzausgleichs der Fall war, auf die weiter unten noch näher eingegangen wird.[49]

Eine Verschlechterung der Status-quo-Situation der finanzkräftigen Länder im Sinne zusätzlich zu erbringender Transferleistungen ist demgegenüber sowohl mit Blick auf die Überprüfung einer höheren Gewichtung der Einwohnerzahl einzelner Länder bei deren Finanzbedarfsermittlung als auch hinsichtlich der Einbeziehung der Gemeindesteuern bei der Finanzkraftmessung zu erwarten. So muß nicht nur der für die Stadtstaaten im Rahmen des Ifo-Gutachtens aus dem Jahre 1987 ermittelte höhere Finanzbedarf je Einwohner erneut begründet werden (siehe *Hummel/Leibfritz* 1987). Vielmehr ist – damit verbunden – zudem zu prüfen, inwieweit bundesgesetzlich geregelte Aufgaben oder verfassungsmäßig vorgegebene Pflichtaufgaben in den besonders dünn besiedelten Ländern höhere öffentliche Lasten je Einwohner nach sich ziehen, die auch einen entsprechend höheren Steueranspruch begründen.[50] Unter dem Aspekt des Interessenausgleichs zwischen „armen" und

---

[49] Nach den jüngsten politischen Entwicklungen im Zusammenhang mit der Verabschiedung der Steuerreform der Bundesregierung im Bundesrat ist nicht auszuschließen, daß es bei der Neuordnung des Länderfinanzausgleichs zu einer solchen oder zumindest ähnlichen Regelung kommen wird (siehe *Feldmeyer* 2000).

[50] Im Urteil des Bundesverfassungsgerichts (*BVerfG* 1999, S. 101) heißt es dazu: „Umfang und Höhe eines Mehrbedarfs sowie die Art seiner Berücksichtigung dürfen vom Gesetzgeber nicht frei gegriffen werden". Und weiter stellt das Gericht *(BVerfG* 1999, S. 102) fest, daß „die Kosten vieler öffentlicher Leistungen in dünn besiedelten Gebieten deutlich höher liegen

„reichen" Ländern dürfte es hinsichtlich der zukünftigen Gestaltung des Finanzausgleichs zweckmäßig sein, Stadtstaaten wie dünn besiedelten Flächenstaaten im Rahmen eines Maßstäbegesetzes zumindest die Option einzuräumen, einen vergleichsweise höheren Finanzbedarf geltend machen zu dürfen. Mit der Beibehaltung der Einwohnergewichtung der Stadtstaaten wäre darüber hinaus – unabhängig davon, welchen Wert diese in Zukunft annehmen wird – unter dem Aspekt der Berücksichtigung institutioneller Pfadabhängigkeiten und damit der Anschlußfähigkeit von Reformen an die bestehende Ordnung zumindest eine gewisse Komplementarität mit den gegenwärtigen Regeln des Finanzausgleichs gewährleistet.

Inwieweit dies auch mit Blick auf die Berücksichtigung der Gemeindesteuern bei der Finanzkraftmessung der einzelnen Länder gilt, ist nach dem Urteil des Bundesverfassungsgerichts (*BVerfG* 1999, S. 101) eher fraglich. Zwar wurde der bislang geltende politische Kompromiß der hälftigen Einbeziehung der Gemeindesteuern nicht bereits als verfassungsinkonform erklärt, sondern vom Gericht wurde auch hier lediglich eine rationale Begründung eingefordert. Tatsächlich dürfte jedoch alles andere als eine vollständige Berücksichtigung der Gemeindesteuern dem Verdacht der politischen Willkür unterliegen (*Renzsch* 1999a, S. 719; *Peffekoven* 1999, S. 712). Unabhängig vom konkreten Umfang wäre eine stärkere Berücksichtigung der Gemeindesteuern relativ zum Status quo mit erheblichen fiskalischen Wirkungen verbunden, da für diesen Fall die finanzkräftigen Länder – unter sonst gleichen Bedingungen – deutlich höhere Zuweisungen im Rahmen des Finanzausgleichs leisten müßten. Demgegenüber dürften die finanzschwachen Länder die Nutznießer einer solchen Regelung sein.

Unter dem Aspekt der politischen Zustimmungsfähigkeit ist eine stärkere Berücksichtigung der kommunalen Einnahmen, aber auch einer Einwohnerwertung zugunsten der Länder mit besonders geringer Siedlungsdichte jedoch nicht zuletzt insofern vertretbar, wie sich mit ihnen die Möglichkeit zu einer Kompensation der erkennbaren Einnahmenausfälle verbindet, die die finanzschwachen Länder nach dem Urteil des Bundesverfassungsgerichts sowohl bei den finanzkraftbezogenen Bundesergänzungszuweisungen als auch bei den Sonderzuweisungen des Bundes für überproportionale Kosten der politischen Führung zu erwarten haben.

3.4. Die Ergänzungszuweisungen des Bundes an die Länder

Der Bund kann im Rahmen des Länderfinanzausgleichs gemäß Art. 107 Abs. 2 Satz 3 GG den finanzschwachen Ländern Zuweisungen zur Deckung ihres allgemeinen Finanzbedarfs gewähren. Folgt man dem Urteil des Bundesverfassungsgerichts, sind diese sogenannten Bundesergänzungszuweisungen in Zukunft so zu gestalten, daß sie „einen abschließenden ergänzenden Ausgleich aus Bundesmitteln [erlauben], der weder den horizontalen Finanzausgleich noch die vertikale Steuerertragsverteilung zwischen Bund und Ländergesamtheit ersetzen oder überlagern darf [...] Dieser Zweck begrenzt auch den Umfang im Verhältnis zum Volumen des horizontalen Finanzausgleichs" (*BVerfG* 1999, S. 105). Darüber hinaus legt das Gericht (*BVerfG* 1999, S. 107) fest, daß im Falle von

---

können als in den Städten, zudem die Gemeinkosten auf eine geringere Kopfzahl umgelegt werden müssen".

Bundesergänzungszuweisungen zur Berücksichtigung von Sonderlasten diese „situationsabhängig und insoweit zeitlich begrenzt" zu gewähren sind sowie „einer besonderen, den Ausnahmecharakter ausweisenden Begründungspflicht unterliegen". Relativ zum Status quo dürften vor diesem Hintergrund Art und Umfang der bislang erfolgenden Zuweisungen des Bundes im Rahmen des Finanzausgleichs in Zukunft einer Beschränkung unterliegen.

Ursprünglich als nachrangiges Element der Finanzverfassung konzipiert, sind die Ergänzungszuweisungen in der Vergangenheit zum Sammelbecken verschiedenster Ausgleichsziele geworden (Volumen 1998: 25,7 Mrd. DM), die die im Länderfinanzausgleich im engeren Sinne transferierten Mittel (Volumen 1998: 13,5 Mrd. DM) deutlich übersteigen. So greifen im Anschluß an den horizontalen Ausgleich zwischen den Ländern zunächst die sogenannten Fehlbetrags-Bundesergänzungszuweisungen, mit denen im Ergebnis jedes Bundesland mindestens 99,5% der durchschnittlichen Finanzkraft aller Länder erhält. Aus institutionenökonomischer Sicht erfährt die ohnehin schon bestehende Dilemmasituation im horizontalen Länderfinanzausgleich durch die Gewährung von Fehlbetrags-Bundesergänzungszuweisungen eine weitere Verschärfung. Damit wird der bereits gegenwärtig geringe Anreiz der Länder, sich um eigene Steuereinnahmen zu bemühen, noch zusätzlich geschwächt. Eine naheliegende Lösung wäre hier, diese Zuweisungen ganz zu streichen, wie dies auch in der finanzwissenschaftlichen Literatur empfohlen wird (*Peffekoven* 1999, S. 714). Für den Fall, daß der Bund auch weiterhin Ergänzungszuweisungen zur allgemeinen Anhebung der Finanzkraft der leistungsschwachen Länder gewähren soll, bestünde die Möglichkeit, diese Mittel im Rahmen des horizontalen Länderfinanzausgleichs zur Realisierung des vom Bundesverfassungsgericht als angemessen angesehenen Ausgleichsniveaus von 95% der durchschnittlichen Finanzkraft aller Länder einzusetzen. Dies hätte den Vorteil, daß die finanzkräftigen Länder bei ihren Ausgleichszahlungen entlastet werden könnten, was sich unter Anreizaspekten nicht nur positiv auf deren Bemühen um eine Ausweitung der eigenen Steuerkraft, sondern auch auf deren Zustimmungsbereitschaft zu einer Reform auswirken dürfte.

Von den übrigen Sonderbedarfs-Bundesergänzungszuweisungen sind unter Anreizaspekten vor allem diejenigen zum Ausgleich überproportional hoher „Kosten der politischen Führung" sowie zur Milderung von „Haushaltsnotlagen" bedenklich. Durch die erstgenannte Art von Zuweisung werden den Ausgleichsbedarf senkende Länderfusionen tendenziell verhindert. Mit der zweiten Art von Zuweisung werden die politischen Entscheidungsträger in jenen Ländern, die ihre Haushalte durch übermäßige Ausgaben gefährden, geradezu dazu eingeladen, eine solche Situation, wenn nicht unmittelbar herbeizuführen, so doch billigend in Kauf zu nehmen (*Ottnad/Linnartz* 1997, S. 145). Während für das Bundesverfassungsgericht (*BVerfG* 1999, S. 108) mit Blick auf die Bundeszuweisungen „zum Ausgleich hoher Kosten der politischen Führung" die „gegenwärtige Bemessung der Zuweisungen nicht nachvollziehbar ist" und diese zur Disposition steht, gilt dies nicht in gleicher Weise für die Bundeshilfen zum Zwecke der Haushaltssanierung. Als „vorübergehende Hilfe zur Selbsthilfe" hat das Gericht (*BVerfG* 1999, S. 108) diese gegenwärtig an Bremen und das Saarland fließenden Zuweisungen grundsätzlich für zulässig erklärt.

Aus institutionenökonomischer Sicht positiv zu bewerten ist hierbei allerdings, daß das Gericht diese Zahlungen für Not- bzw. Ausnahmesituationen vorbehalten wissen will, wobei diese Zahlungen zweckgebunden zu erfolgen haben und degressiv auszugestalten sind.

Dies trägt zu einer institutionellen Stabilisierung der Verhaltenserwartungen der betroffenen Akteure dergestalt bei, daß die jeweils begünstigten Länder frühzeitig auf deren Wegfall vorbereitet sind und alle übrigen Länder auf das Auslaufen dieser Zuweisungen vertrauen können. Eine solche Regelung stellt zugleich einen wirksamen Sanktionsmechanismus dar, der dafür sorgt, daß von den begünstigten Ländern eine glaubwürdige Politik der Haushaltskonsolidierung verfolgt wird. Der Empfang von Sonderleistungen wird auf diese Weise – vermittelt über die institutionellen Anreize – in einem äquivalenztheoretischen Sinne an das Erbringen von Gegenleistungen gebunden: Nur wer eigene Konsolidierungsanstrengungen unternimmt, kann mit der (fiskalischen) Solidarität der übrigen Länder bzw. des Bundes rechnen. Andernfalls dürfte sich die Verhandlungsposition der begünstigten Länder bei einer zukünftigen Mittelverteilung erheblich verschlechtern.[51]

Eine solche Ausnahmesituation erkennt das Bundesverfassungsgericht (*BVerfG* 1999, S. 110ff.) auch mit Blick auf die aktuelle Gewährung von Sonderbedarfs-Bundesergänzungszuweisungen für die ostdeutschen Länder zum Ausgleich teilungsbedingter Lasten sowie von Übergangs-Bundesergänzungszuweisungen für finanzschwache westdeutsche Länder aufgrund „vereinigungsbedingter Finanzkraftverschiebungen" grundsätzlich an. Zumindest bezogen auf die Hilfen an die neuen Länder ist die Verlängerung der Bundesergänzungszuweisungen über die Laufzeit des bisherigen Finanzausgleichsgesetzes hinaus auch aus institutionenökonomischer Sicht in dem Maße gerechtfertigt, wie es sich hier nicht um die Berücksichtigung einseitiger Sondervorteile, sondern einen Ausgleich effektiv bestehender Sonderbelastungen handelt. Oder anders formuliert: Erst dieser Ausgleich macht die neuen Länder zu gleichwertigen Akteuren innerhalb der Gemeinschaft aller Länder.[52] Soweit diese Sonderbelastungen auch für den Zeitraum nach 2004 weiterbestehen, dürfte deren neuerliche Berücksichtigung im Rahmen des zukünftigen Finanzausgleichssystems ein wesentlicher Faktor für die politische Zustimmungsfähigkeit der ostdeutschen Länder zu einer Reform sein.[53] Die Gewährung von Sonderbedarfszuweisungen sollte jedoch zumindest einer regelmäßigen Erforderlichkeitsprüfung unterliegen, die auch das Ausmaß an Eigenanstrengungen der begünstigten Länder zur Überwindung der außerordentlichen Notlage bewertend einbezieht. Darüber hinaus wäre vergleichbar den Zuweisungen für „Haushaltsnotlagen" unter Anreizaspekten ebenso wie unter dem Aspekt stabi-

---

51 Dies trifft auch auf die Situation Berlins zu, wo die Sonderbelastungen, die Berlin in seiner Funktion als Hauptstadt (etwa aufgrund entgangener Steuereinnahmen) zu tragen hat, Anlaß für die Gewährung von Sonderbedarfs-Bundesergänzungszuweisungen sein könnten. In Anbetracht dessen, daß das gegenwärtige Ausgabenniveau Berlins selbst das des reichsten Bundeslandes (Hamburg) noch deutlich übertrifft, dürften solche Sonderzuweisungen entscheidend vom Erfolg der bisher verfolgten Konsolidierungspolitik abhängen (*Renzsch* 1999a, S. 719 und S. 721). – Im Rahmen der Prüfungen der Sonderbedarfszuweisungen für das Saarland und für Bremen wurden deren Anstrengungen zur Konsolidierung anerkannt. Vgl. *Deutscher Bundestag* (1999).

52 Dies rechtfertigt auch, daß solche Zuweisungen, die „der Berücksichtigung von Sonderbedarfen dienen, zeitweise zu Veränderungen der Finanzkraftreihenfolge führen [können]; das Nivellierungsverbot greift insoweit nicht" (*BVerfG* 1999, S. 107).

53 Eine entsprechende Verlautbarung, daß „die Finanzhilfen des Westens für die neuen Länder [...] auch über das Jahr 2004 hinaus nötig" sind, war bereits vom sächsisch-anhaltinischen Finanzminister *Gerhards* (2000) zu hören.

ler Verhaltenserwartungen der betroffenen Akteure auch hier denkbar, die entsprechenden Hilfen mit Degressionsschritten und Auslauffristen zu versehen.

4. Zusammenfassung der Ergebnisse

Die Ausführungen sollten verdeutlichen, daß mit dem hier gewählten institutionenökonomischen Konzept – ergänzend zu finanzwissenschaftlichen Überlegungen – ein zusätzlicher Beitrag bezogen auf die vom Bundesverfassungsgericht in seinem Urteil vom 11. November 1999 geforderte Neuordnung des Finanzausgleichssystems geliefert werden kann. Die Ergebnisse können im einzelnen wie folgt zusammengefaßt werden:

(1) Es dürfte sich um eine politikferne Vorstellung handeln, wenn – so das Gericht – der Gesetzgeber ein Maßstäbegesetz für den Finanzausgleich ohne Rücksicht auf die damit verbundenen fiskalischen Auswirkungen jenseits politischer Verhandlungslösungen gleichsam unter einem „Schleier des Nichtwissens" verabschieden soll. Dies ist nicht nur kaum vereinbar mit demokratischen Grundprinzipien. Dies widerspricht auch einer institutionenorientierten Wirtschafts- und Finanzpolitik, die ausgehend von den Bedingungen des Status quo und unter Berücksichtigung bestehender institutioneller Pfadabhängigkeiten nach effizienten Politiklösungen sucht. Vergleichbar dem Marktmechanismus im privaten Sektor kommt dabei dem Konsensprinzip als Koordinationsmechanismus innerhalb der Politik eine zentrale Bedeutung zu: Die Orientierung an diesem Prinzip sorgt zugleich für effiziente und legitime Ergebnisse. Vor diesem Hintergrund können solche Lösungen als effizient und legitim gelten, die die Chance für einen Interessenausgleich zwischen den relevanten politischen Akteuren im Sinne der Vermeidung unproduktiver Dilemmata bzw. der Realisierung gemeinsamer Kooperationsgewinne bieten. Ein solcher Interessenausgleich im Rahmen der Neuordnung des Finanzausgleichssystems dürfte am ehesten durch die Einigung auf bestimmte Verfahrensregeln möglich sein, die weder bestehende Interessen einseitig begünstigen noch ein strategisches Verhalten zwischen Bund und Ländern sowie der Länder untereinander ermöglichen. Für die Gestaltung des Finanzausgleichssystems ergeben sich daraus die nachfolgenden Empfehlungen

(2) Eine denkbare, wenngleich „radikale" Möglichkeit, um der vom Bundesverfassungsgericht geforderten Neuordnung des Finanzausgleichssystems nachzukommen, wäre eine weitgehende Entflechtung von Aufgaben-, Ausgaben- und Einnahmenverantwortung, die mehr finanzwirtschaftliche Eigenverantwortung von Bund und Ländern zum Ziel hätte. Gegen diese Lösung spricht jedoch das Ausmaß an zu erwartenden Transaktionskosten, das mit einer solchen Systemtransformation weg von dem bislang dominierenden Grundmuster des kooperativen Föderalismus hin zu einem stärker wettbewerblich gestalteten System verbunden ist. Innerhalb des vom Bundesverfassungsgericht vorgegebenen engen Zeitrahmens bis Ende 2002 dürfte bei einem solch radikalen „Pfadwechsel" die für eine aus institutionenökonomischer Sicht erforderliche Komplementarität mit den formalen wie informellen Regeln, wie sie die bisherige Entwicklung des deutschen Finanzföderalismus hervorgebracht hat, kaum gewährleistet sein. Realistischer weil „anschlußfähiger" an die institutionellen Bedingungen des Status quo sind daher „kleine", inkrementalistisch angelegte Reformlösungen im Rahmen der bestehenden Strukturen des Umsatzsteuerverteilungs- und Ausgleichssystems zwischen Bund und Ländern sowie der Länder untereinander.

(3) Bezogen auf die vertikale Verteilung des Umsatzsteueraufkommens zwischen Bund und Ländern sollte – entgegen der Vorstellung des Verfassungsgerichts – die erforderliche Konkretisierung von „laufenden Einnahmen" und „notwendigen Ausgaben" nicht ergebnisorientiert im Sinne der Formulierung von objektivierbaren Indikatoren erfolgen. Eine Verteilung des Umsatzsteueraufkommens in Gestalt eines politikfreien Rechenverfahrens ist realitätsfern. Die Umsatzsteuerverteilung sollte vielmehr – gegebenenfalls unter Nutzung des sogenannten Deckungslückenverfahrens zur Reduzierung der Strategieanfälligkeit des bestehenden Verfahrens – nach jenen Verteilungsschlüsseln erfolgen, auf die sich Bund und Länder konsensual im Rahmen einer gemeinsamen Finanzplanung einigen. Zur Verringerung des Ausmaßes an strategischem Verhalten sowie der damit verbundenen Ineffizienzen ist eine Kanalisierung der Verhandlungen zwischen Bund und Ländern zweckmäßig. Denkbare institutionelle Restriktionen – die nicht alternativ, sondern kumulativ wirksam werden könnten – wären dabei, daß (a) lediglich ein begrenzter Teil des Umsatzsteueraufkommens Gegenstand von Verhandlungen ist, während das verbleibende Restaufkommen gleichmäßig zwischen Bund und Ländern aufgeteilt wird, daß (b) institutionalisierte Paketlösungen, die im Rahmen der Umsatzsteuerverteilung „erlaubte" Kompensationsgeschäfte zwischen Bund und Ländern benennen, den Verhandlungsprozeß systematisch kanalisieren und daß schließlich (c) ein unabhängiges Expertengremium regelmäßig oder auf Antrag beratend in die Verhandlungen einbezogen wird.

(4) Mit Blick auf den horizontalen Finanzausgleich der Länder untereinander kann das vom Bundesverfassungsgericht als „angemessen" bezeichnete Ausgleichsniveau, welches jedem Bundesland mindestens 95% der durchschnittlichen Finanzkraft garantiert, negativ bewertet werden. (a) Es wird damit zum einen keine allgemein gültige Verfahrensregel für den Finanzausgleich festgelegt, sondern letztlich ein konkretes Vereilungsergebnis festgeschrieben. (b) Mit dem so definierten Endergebnis und den daraus notgedrungen resultierenden hohen Grenzbelastungen für alle beteiligten Akteure wird die allseits positive Sanktionswirkung eines linearen Ausgleichstarifs vorschnell preisgegeben, den dieser bezogen auf ein zeitkonsistentes und glaubhaftes Bemühen aller Länder um die Ausweitung ihrer eigenen Steuerbasis hätte. (c) Vor allem wird jedoch mit der Garantie einer Mindestfinanzausstattung das Feld möglicher Tauschgewinne zwischen den betroffenen Akteuren im Rahmen der Neugestaltung des Finanzausgleichs unnötig eingeschränkt. Das Ausgleichsniveau kann damit selbst nicht mehr zum Gegenstand eines effizienzsteigernden Interessenausgleichs gemacht werden, d.h. es steht als Dispositionsgegenstand für eine Kompensation potentieller Regelverlierer nicht zur Verfügung.

(5) Als Gegenstand für einen Interessenausgleich verbleiben die im Urteil des Bundesverfassungsgerichts geforderte Konkretisierung von Finanzkraft und Finanzbedarf im Rahmen des horizontalen Finanzausgleichs. Unter dem Aspekt der politischen Zustimmungsfähigkeit ist hierbei eine stärkere Berücksichtigung der Gemeindesteuern, aber auch einer Einwohnerwertung zugunsten der Länder mit besonders geringer Siedlungsdichte insofern vertretbar, wie sich mit ihnen die Möglichkeit zu einer Kompensation der erkennbaren Einnahmenausfälle verbindet, die die finanzschwachen Länder nach dem Urteil bei den finanzkraftbezogenen Bundesergänzungszuweisungen als auch bei den Sonderzuweisungen des Bundes für überproportionale Kosten der politischen Führung zu erwarten haben. Mit Blick auf die Anrechnung der Seehafenlasten spricht aus institutionenökonomischer Sicht

unter dem Aspekt, daß die zukünftigen Regeln des Finanzausgleichssystems für alle beteiligten Akteure in gleicher Weise gelten und nicht lediglich der Berücksichtigung von Sonderinteressen einer Minderheit der vom Finanzausgleich betroffenen Länder dienen sollten, einiges für deren ersatzlose Streichung.

(6) Um die negativen Anreizwirkungen abzumildern, die vom bestehenden Ausgleichsniveau im horizontalen Finanzausgleich ausgehen, bestünde die Möglichkeit, die bisherigen Fehlbetrags-Bundesergänzungszuweisungen als Pauschaltransfers in den horizontalen Länderfinanzausgleich zu integrieren. Dies hätte den Vorteil, daß vor allem die finanzkräftigen Länder bei ihren Ausgleichszahlungen entlastet werden könnten, was sich nicht nur positiv auf deren Bemühen um eine Ausweitung der eigenen Steuerkraft auswirken, sondern auch deren Zustimmungsbereitschaft zu einem neuen Finanzausgleichsgesetz erhöhen dürfte. Die sogenannten Sonderbedarfs-Bundesergänzungszuweisungen sollten – entsprechend der Forderung des Gerichts – für Not- bzw. Ausnahmesituationen vorbehalten bleiben, wobei diese Zahlungen zweckgebunden erfolgen und degressiv ausgestaltet sein sollten. Dies würde zu einer institutionellen Stabilisierung der Verhaltenserwartungen der betroffenen Akteure dergestalt beitragen, daß alle nicht empfangenden Länder auf das Auslaufen dieser Zuweisungen vertrauen können und die jeweils begünstigten Länder frühzeitig auf deren Wegfall vorbereitet sind. Eine solche Regelung stellt zugleich einen wirksamen Sanktionsmechanismus dar, der dafür sorgt, daß von den begünstigten Ländern – zusätzlich zu den gewährten Hilfen – auch glaubwürdige Eigenanstrengungen zur Überwindung der Sonderbelastungen unternommen werden.

Literaturverzeichnis

Apolte, Thomas und *Thomas Wilke* (1998), Größere Effizienz der Wirtschaftspolitik durch institutionalisierte wissenschaftliche Politikberatung, in: *Dieter Cassel* (Hrsg.), 50 Jahre soziale Marktwirtschaft, Stuttgart, S. 769-789.

Arndt, Hans-Wolfgang (1997), Finanzausgleich und Verfassungsrecht. Gutachten zum Länderfinanzausgleich im Auftrag der Länder Bayern und Baden-Württemberg, Mannheim.

Arndt, Hans-Wolfgang (1998), Finanzverfassungsrechtlicher Reformbedarf - vom unitarischen Föderalismus zum Wettbewerbsföderalismus, Wirtschaftsdienst, Jg. 78, S. 76-80.

Arrow, Kenneth J. (1985), The Economics of Agency, in: *John W. Pratt* und *Richard J. Zeckhauser* (Hrsg.), Principals and Agents: The Structure of Business, Boston, S. 37-51.

Aufderheide, Detlef (1996), Konstitutionelle Ökonomik versus Theorie der Wirtschaftspolitik: Herausforderung des Herausforderers, in: *Ingo Pies* und *Martin Leschke* (Hrsg.), James Buchanans Konstitutionelle Ökonomik, Tübingen, S. 184-192.

Bösinger, Rudolf (1999), Die Neuordnung des bundesstaatlichen Finanzausgleichs 1995, Frankfurt am Main et al.

Brennan, Geoffrey und *James M. Buchanan* (1985/1993), Die Begründung von Regeln, Tübingen.

Buchanan, James M. (1971), Das Verhältnis der Wirtschaftswissenschaften zu ihren Nachbardisziplinen, in: *Reimut Jochimsen* und *Hans Knobel* (Hrsg.), Gegenstand und Methoden der Nationalökonomie, Köln, S. 88-105.

Buchanan, James M. (1989), Essays on the Political Economy, Honolulu.

Bull, Hans-Peter (1999), Finanzausgleich im „Wettbewerbsstaat". Bemerkungen zur neuen Föderalismustheorie und zu ihrer Bedeutung für den Länderfinanzausgleich, Die öffentliche Verwaltung, Jg. 52, S. 269-281.

Bull, Hans-Peter und *Veith Mehde* (2000), Der rationale Finanzausgleich - ein Gesetzgebungsauftrag ohnegleichen, Die öffentliche Verwaltung, Jg. 53, S. 305-314.

Bundesverfassungsgericht (1999), Urteil zum Finanzausgleich zwischen Bund und Ländern (Finanzausgleichsgesetz- FAG), 2 BvF 2/98 vom 11. November 1999.

Coase, Ronald H. (1960/1990), The Problem of Social Cost, wiederabgedruckt in: *Ronald H. Coase* (Hrsg.), The Firm, the Market, and the Law, Chicago/London, S. 95-156.

Cornwall, John (1990), The Theory of Economic Breakdown: An Institutional-Analytical Approach, Oxford et al.

Denzau, Arthur T. und Douglass C. North (1994), Shared Mental Models: ideologies and Institutions, Kyklos, Vol. 47, S. 3-31.

Deutscher Bundestag (1999), Beschlußempfehlung und Bericht des Finanzausschusses zu dem Gesetzentwurf der Bundesregierung (Drucksache 14/487) - Entwurf eines Dritten Gesetzes zur Änderung des Finanzausgleichsgesetzes, Drucksache 14/812 vom 21.4.1999.

Döring, Thomas (1999), Probleme des Länderfinanzausgleichs aus institutionenökonomischer Sicht, Zeitschrift für Wirtschaftspolitik, Jg. 48, S. 231-264.

Döring, Thomas (2000), Finanzföderalismus in den Vereinigten Staaten von Amerika und in der Bundesrepublik Deutschland im Vergleich, in: *Bettina Wentzel* und *Dirk Wentzel* (Hrsg.) Wirtschaftlicher Systemvergleich Deutschland - USA, Stuttgart, S. 53-112.

Downs, Anthony (1957), An Economic theory of Democracy, New York.

Erlei, Matthias, Leschke, Martin und *Dirk Sauerland* (1999), Neue Institutionenökonomik, Stuttgart.

Färber, Gisela (1993), Reform des Länderfinanzausgleichs, Wirtschaftsdienst, Jg. 73, S. 305-316.

Färber, Gisela (1999), Finanzverfassung. Unbestrittener Reformbedarf - Divergierende Reformvorstellungen, in: *Bundesrat* (Hrsg.), 50 Jahre Herrenchiemseer Verfassungskonvent, Bonn, S. 89-131.

Feldmann, Horst (1995), Eine institutionalistische Revolution?, Berlin.

Feldmann, Horst (1999), Ordnungstheoretische Aspekte der Institutionenökonomik, Berlin.

Feldmeyer, Karl (2000), Was der Länderfinanzausgleich für Bremen mit der Steuerreform zu tun hat, Frankfurter Allgemeine Zeitung, Nr. 165, 19. Juli 2000, S. 2.

Frey, Bruno S. (2000), Was bewirkt die Volkswirtschaftslehre?, Perspektiven der Wirtschaftspolitik, Jg. 1, S. 5-33.

Frey, Bruno S. und *Gebhard Kirchgässner* (1994), Demokratische Wirtschaftspolitik, 2. Auflage, München.

Gerecke, Uwe (1998), Soziale Ordnung in der modernen Gesellschaft, Tübingen.

Gerhards, Wolfgang (2000), Der Osten hängt noch lange am Tropf, Süddeutsche Zeitung, Nr. 44, 23. Februar 2000, S. 27.

Grossekettler, Heinz (1993), Ökonomische Maßstäbe für den Bund-Länder-Finanzausgleich, Staatswissenschaften und Staatspraxis, Jg. 4, S. 91-109.

Grossekettler, Heinz (1994), Die deutsche Finanzverfassung nach der Finanzausgleichsreform, Hamburger Jahrbuch für Wirtschafts- und Gesellschaftspolitik, Jg. 39, S. 83-116.

Häde, Ulrich (1996), Finanzausgleich, Tübingen.

Hayek, Friedrich A. v. (1945), The Use of Knowledge in Society, American Economic Review, Vol. 5, S. 5-17.

Henneke, Hans-Günter (1999), BVerfG: Maßstäbegesetz hat vierstufiges Finanzausgleichssystem des GG zu konkretisieren, Der Landkreis, Jg. 69, S. 652-655.

Hesse, Joachim J. und *Arthur Benz* (1988), Staatliche Institutionenpolitik im internationalen Vergleich, in: *Thomas Ellwein, Joachim J. Hesse, Renate Mayntz* und *Fritz W. Scharpf* (Hrsg.), Jahrbuch zur Staats- und Verwaltungswissenschaft, Bd. 2, Baden-Baden, S. 69-111.

Hidien, Jürgen W. (1998), Die Verteilung der Umsatzsteuer zwischen Bund und Ländern, Baden-Baden.

Hidien, Jürgen W. (1999), Der bundesstaatliche Finanzausgleich in Deutschland, Baden-Baden.

Hirte, Georg (1996), Effizienzwirkungen von Finanzausgleichsregelungen, Frankfurt am Main.

Homann, Karl (1994), Ökonomie und Demokratie, in: *Wilhelm Jäger* und *Erik Böttcher* (Hrsg.), Neue Wege der Nationalökonomie, Münster, S. 49-83.

Homann, Karl (1999), Zur Grundlegung einer modernen Gesellschafts- und Sozialpolitik, in: *Ulrich Blum, Werner Esswein, Erich Greipl, Hansjörg Hereth* und *Stefan Müller* (Hrsg.), Soziale Marktwirtschaft im nächsten Jahrtausend, Stuttgart, S. 119-148.

Homburg, Stefan (1996), Notwendigkeit einer Finanzreform, Wirtschaftsdienst, Jg. 76, S. 336-339.

Huber, Bernd (1998), Dringender Reformbedarf beim Finanzausgleich, Wirtschaftswissenschaftliches Studium, Jg. 27, S. 169.

Huber, Bernd und *Karl Lichtblau* (1997), Systemschwächen des Finanzausgleichs - Eine Reformskizze, iw-trends, Nr. 4, S. 1-21.

Huber, Bernd und *Karl Lichtblau* (1998), Konfiskatorischer Finanzausgleich verlangt eine Reform, Wirtschaftsdienst, Jg. 78, S. 142-147.

Huber, Bernd und *Karl Lichtblau* (1999), Reform der deutschen Finanzverfassung - die Rolle des Konnexitätsprinzips, Hamburger Jahrbuch für Wirtschafts- und Gesellschaftspolitik, Jg. 44, S. 69-93.

Hummel, Marlies und *Willi Leibfritz* (1987), Die Stadtstaaten im Länderfinanzausgleich, München.

Karpe, Jan (1999), Ökonomische Verhaltenskonzepte, Wirtschaftswissenschaftliches Studium, Jg. 28, S. 605-607.

Kirchgässner, Gebhard (1991), Homo Oeconomicus, Tübingen.

Kirchgässner, Gebhard (1999), Ökonomische Politikberatung und kritischer Rationalismus, in: *Ingo Pies* und *Martin Leschke* (Hrsg.), Karl Poppers Kritischer Rationalismus, Tübingen, S. 193-225.

Kiwit, Daniel und *Stefan Voigt* (1995), Überlegungen zum institutionellen Wandel unter Berücksichtigung des Verhältnisses von internen und externen Institutionen, ORDO, Bd. 46, S. 117-148.

Klein, Benjamin, Crawford, Robert G. und *Armen A. Alchian* (1978), Vertical Integration, Appropriable Rents, And the Competitive Contracting Process, Journal of Law and Economics, Vol. 21, S. 297-326.

Knight, Jack (1997), Institutionen und gesellschaftlicher Konflikt, Tübingen.

Koch, Lambert T. (1996), Evolutorische Wirtschaftspolitik, Tübingen.

Koch, Lambert T. (1998), Kognitive Determinanten der Problementstehung und -behandlung im wirtschaftspolitischen Prozess, Zeitschrift für Wirtschafts- und Sozialwissenschaften, Jg. 118, S. 597-622.

Korioth, Stefan (1997), Der Finanzausgleich zwischen Bund und Ländern, Tübingen.

Kroll, Thorsten (2000), Das Bundesverfassungsgericht setzt „Maßstäbe" - Wie geht es nun weiter im Finanzausgleich zwischen Bund und Ländern?, Steuer und Wirtschaft, Nr. 1, S. 45-80.

Krupp, Hans-Jürgen (1999), Wissenschaftler und Politiker: Unterschiedliche Rollen, Wirtschaftsdienst, Jg. 79, S. 139-143.

Lambsdorff, Otto Graf (2000), Föderaler Kuhhandel verdirbt die Sitten, Frankfurter Allgemeine Zeitung, Nr. 165, 19. Juli 2000, S. 8.

Leipold, Helmut (1996), Zur Pfadabhängigkeit der institutionellen Entwicklung, in: *Dieter Cassel* (Hrsg.), Entstehung und Wettbewerb von Systemen, Berlin, S. 93-115.

Leschke, Martin (1996), Die Funktion der Moral in der liberalen Gesellschaft - Die Perspektive der konstitutionellen Ökonomik, in: *Ingo Pies* und *Martin Leschke* (Hrsg.), James Buchanans konstitutionelle Ökonomik, Tübingen, S. 75-99.

Leschke, Martin und *Dirk Sauerland* (1999), „Zwischen" Pigou und Buchanan: Der Beitrag von Ronald Coase zu einer institutionenorientierten Theorie der Wirtschaftspolitik, in: *Ingo Pies* und *Martin Leschke* (Hrsg.), Ronald Coase' Transaktionskostenansatz, Tübingen, S. 181-210.

Lindenberg, Siegwart (1998), the Cognitive Turn in Institutional Analysis: Beyond NIE and NIS?, Journal of Institutional and Theoretical Economics, Vol. 154, S. 716-727.

Locher, Klaus (1991), Auswege aus Gefangenen-Dilemma-Situationen, Wirtschaftswissenschaftliches Studium, Jg. 20, S. 60-64.

Löchel, Horst (1999), Ökonomische Institutionen als das Ergebnis von Verteilungskonflikten, Wirtschaftswissenschaftliches Studium, Jg. 28, S. 275-278.

Luhmann, Niklas (1997), Die Gesellschaft der Gesellschaft, Frankfurt am Main.

Meier, Alfred und *Tilman Slembeck* (1998), Wirtschaftspolitik, 2. Auflage, München, Wien.

Miek, Ilja (1987), Die Auswirkungen der Stein-Hardenbergschen Reformen auf die Berliner Wirtschaft, IHK Berlin (Hrsg.), Berlin und seine Wirtschaft, Berlin und New York, S. 41-69.

Müller, Christian (2000), Brauchen wir einen Schleier der Unkenntnis?, ORDO, Bd. 50, S. 207-232.

Münch, Ursula (1999), Konkrete Reformansätze in der Kontroverse, in: *Christoph Hüttig* und *Frank Nägel* (Hrsg.), Verflochten und Verschuldet. Zum (finanz-)politischen Reformbedarf des deutschen Föderalismus in Europa, Loccum, S. 301-311.

North, Douglass C. (1986), The New Institutional Economics, Journal of Theoretical Economics, No. 142, S. 230-237.

North, Douglass C. (1990), Institutions, Institutional Change and Economic Performance, Cambridge et al.

North, Douglass C. (1999), Understanding the Process of Economic Change, London.

Nowak, Klaus (1999), Ökonomik, Erkenntnisfortschritt und theoretische Integration, Lohmar.

OECD (1998), Economic Surveys: Germany, Paris.

Ottnad, Adrain und *Edith Linnartz* (1997), Föderaler Wettbewerb statt Verteilungsstreit, Frankfurt/Main, New York.

Peffekoven, Rolf (1993), Finanzausgleich im Spannungsfeld zwischen allokativen und distributiven Zielsetzungen, Beihefte der Konjunkturpolitik, Heft 41, S. 11-27.

Peffekoven, Rolf (1994), Reform des Finanzausgleichs - eine vertane Chance, Finanzarchiv, Bd. 51, S. 281-311.

Peffekoven, Rolf (1998), Reform des Länderfinanzausgleichs tut not, Wirtschaftsdienst, Jg. 78, S. 80-83.

Peffekoven, Rolf (1999), Das Urteil des Bundesverfassungsgerichts zum Länderfinanzausgleich, Wirtschaftsdienst, Jg. 79, S. 709-715.

Peffekoven, Rolf (2000), Gesetzesauftrag beim Länderfinanzausgleich wurde nicht erfüllt, Süddeutsche Zeitung, Nr. 38, 16. Februar 2000, S. 28.

Penz, Reinhard (1999), Legitimität und Viabilität - Zur Theorie der institutionellen Steuerung der Wirtschaft, Marburg.

Pies, Ingo (1993), Normative Institutionenökonomik, Tübingen.

Pies, Ingo (1998), Liberalismus und Normativität: Zur Konzeptualisierung ökonomischer Orientierungsleistungen für demokratische Politikdiskurse, in: *Paul Klemmer, Dorothea Becker-Soest* und *Rüdiger Wink* (Hrsg.), Liberale Grundrisse einer zukunftsfähigen Gesellschaft, Baden-Baden, S. 45-78.

Pies, Ingo (1999), Ordnungspolitik in der Demokratie - Ein ökonomischer Ansatz diskursiver Politikberatung, Münster (Habilitationsschrift).

Priddat, Birger P. (1999), Ökonomik, Politik, Beratung - Einige Fragen, Wirtschaftsdienst, Jg. 79, S. 151-154.

Quantz, Jürgen (1995), Reform der Finanzverfassung, Staatswissenschaften und Staatspraxis, Jg. 6, S. 695-699.

Rawls, John (1971/1994), Eine Theorie der Gerechtigkeit, 8. Auflage, Frankfurt am Main.

Renzsch, Wolfgang (1996), Finanzreform - ein politisches Problem, Wirtschaftsdienst, Jg. 76, S. 331-336.

Renzsch, Wolfgang (1999a), Das Urteil zum Finanzausgleich: Enge Fristensetzung, Wirtschaftsdienst, Jg. 79, S. 716-721.

Renzsch, Wolfgang (1999b), Finanzreform 2005 - Möglichkeiten und Grenzen, Wirtschaftsdienst, Jg. 79, S. 156-163.

Reuter, Norbert (1994), Institutionalismus, Neo-Institutionalismus, Neue Institutionelle Ökonomie und andere 'Institutionalismen': Eine Differenzierung konträrer Konzepte, Zeitschrift für Wirtschafts- und Sozialwissenschaften, Jg. 114, S. 5-23.

Richter, Rudolf (1994), Institutionen ökonomisch analysiert, Tübingen.

Richter, Rudolf und *Eric Furubotn* (1999), Neue Institutionenökonomik, 2. Auflage, Tübingen.

Sachverständigenkommission zur Vorklärung finanzwissenschaftlicher Fragen für künftige Neufestlegungen der Umsatzsteueranteile (1981), Maßstäbe und Verfahren zur Verteilung der Umsatzsteuer nach Art. 106 Abs. 3 und Abs. 4 Satz 1 GG, Bonn.

Sachverständigenrat zur Begutachtung der gesamtwirtschaftlichen Entwicklung (1992), Für Wachstumsorientierung - gegen lähmenden Verteilungsstreit, Stuttgart.

Sachverständigenrat zur Begutachtung der gesamtwirtschaftlichen Entwicklung (1997), Wachstum, Beschäftigung und Währungsunion, Stuttgart.

Sappington, David E.M. (1991), Incentives in Principal-Agent Relationships, Journal of Economic Perspectives, Vol. 5, S. 45-66.

Schatz, Klaus-Werner (1999), Erfolge und Fehlschläge der wirtschaftswissenschaftlichen Politikberatung, Wirtschaftsdienst, Jg. 79, S. 146-150.

Schmidt, Kurt (1996), Mehr Klarheit im Finanzgefüge zwischen Bund und Ländern, Wirtschaftsdienst, Jg. 76, S. 329-331.

Schüller, Alfred (2000), Theorie des wirtschaftlichen Systemvergleichs - Ausgangspunkte, Weiterentwicklungen und Perspektiven, Marburg (zitiert nach dem Manuskript).

Schultze, Rainer-Olaf (1990), Föderalismus als Alternative? Überlegungen zur territorialen Organisation von Herrschaft, Zeitschrift für Parlamentsfragen, Jg. 21, S. 475-490.

Setterfield, Mark (1993), A Model of Institutional Hysteresis, Journal of Economic Issues, Vol. 27, S. 755-774.

Simon, Herbert A. (1978), Rationality as a Process and as a Product of Thought, American Economic Review, Vol. 68, S. 1-16.

Slembeck, Tilman (1997), the Formation of Economic Policy: A Cognitive Evolutionary Approach to Policy Making, Constitutional Political Economy, Vol. 8, S. 225-254.

Starck, Christian (2000), Ein schwarzer Tag für das bundesstaatliche System geregelter Zuständigkeiten, Frankfurter Allgemeine Zeitung, Nr. 165, 19. Juli 2000, S. 8.

Stiglitz, Joseph (1998), The Private Uses of Public Interests: Incentives and Institutions, Journal of Economic Perspectives, Vol. 12, S. 3-22.

Suntum, Ulrich van (1997), Deutschland braucht eine umfassende Finanzreform, Wirtschaftsdienst, Jg. 77, S. 560-563.

Tullock, Gordon (1974), The Social Dilemma, Blacksburg.

Vanberg, Viktor (1981), Liberaler Evolutionismus oder vertragstheoretischer Konstitutionalismus?, Tübingen.

Vanberg, Viktor (1983), Der individualistische Ansatz zu einer Theorie der Entstehung und Entwicklung von Institutionen, Jahrbuch für Neue Politische Ökonomie, Bd. 2, S. 50-69.

Visser, Jelle und *Anton Hemerijck* (1998), Ein holländisches Wunder?, Frankfurt am Main/ New York.

Voigt, Stefan (2000), Institutionen und Transformation - Mögliche Politikimplikationen der Neuen Institutionen Ökonomik, Jena (Manuskript).

Waldkrich, Rüdiger (1999), Coase als Stepping-Stone zu Buchanan? Oder: Kann Buchanans konstitutionelle Ökonomik von Coase' Transaktionskostenökonomik noch lernen?, in: *Ingo Pies* und *Martin Leschke* (Hrsg.), Ronald Coase' Transaktionskostenansatz, Tübingen, S. 211-222.

Watrin, Christian (1999), Soziale Dilemmata und Ordnungspolitik, in: *Alfred Schüller* und *Christian Watrin* (Hrsg.), Wirtschaftliche Systemforschung und Ordnungspolitik, Stuttgart, S. 35-54.

Wegner, Gerhard (1993), Kontextsteuerung - Alternative zu Dirigismus und Laissez Faire?, ORDO, Bd. 44, S. 271-290.

Wegner, Gerhard (1996), Wirtschaftspolitik zwischen Selbst- und Fremdsteuerung - ein neuer Ansatz, Baden-Baden.

Wegner, Gerhard (1997), Economic Policy From an Evolutionary Perspective: A New Approach, Journal of Institutional and Theoretical Economics, Vol. 153, S. 485-509.

Weizsäcker, Carl Christian von (1999), Wissenschaftliche Beratung der Wirtschaftspolitik, Wirtschaftsdienst, Jg. 79, S. 143-146.

Williamson, Oliver E. (1984), The Economics of Governance: Framework and Implications, Journal of Institutional and Theoretical Economics, Bd. 140, S. 195-223.

Williamson, Oliver E. (1985), The Economic Institutions of Capitalism, New York, London.

Wissenschaftlicher Beirat beim Bundesministerium der Finanzen (1992), Gutachten zum Länderfinanzausgleich in der Bundesrepublik Deutschland, Bonn.

Wissenschaftlicher Beirat beim Bundesministerium der Finanzen (1996), Einnahmenverteilung zwischen Bund und Ländern, 2. Auflage, Bonn.

Wolf, Gerd (1982), Zur Umsatzsteuerverteilung zwischen Bund und Ländern, in: *Bundesministerium der Finanzen* (Hrsg.), Die Finanzbeziehungen zwischen Bund, Ländern und Gemeinden aus finanzverfassungsrechtlicher und finanzwirtschaftlicher Sicht, Bonn, S. 251-326.

Wulffen, Katrin v. (1996), Politikberatung in der Demokratie, Berlin.

Zimmermann, Horst (1996), Wohlfahrtsstaat zwischen Wachstum und Verteilung, München.

Kurzfassung

Das Bundesverfassungsgericht hat in seinem Urteil vom 11. November 1999 festgestellt, daß die gegenwärtigen Regelungen des Länderfinanzausgleichs nicht mehr in Einklang mit dem Grundgesetz stehen. Vor diesem Hintergrund zielt der Aufsatz darauf ab, einen institutionenökonomischen Beitrag zur Neuordnung des Finanzausgleichssystems zu leisten. Eine besondere Bedeutung für die Gestaltung implementationsfähiger politischer Lösungen kommt dabei (1) der Interpretation wirtschafts- und finanzpolitischer Probleme als Ergebnis von Interessenkonflikten, (2) einer strikten Status-quo-Orientierung bei der Konzeption politischer Reformvorschläge, (3) der Ausrichtung am Konsensprinzip bei der Suche nach institutionellen Alternativen, (4) der Verwendung von Dilemmastrukturen als Analyseinstrument der Anreizstruktur der relevanten Akteure sowie (5) der Berücksichtigung von Pfadabhängigkeiten des institutionellen Wandels zu. Ausgehend von diesen Elementen einer institutionenorientierten Wirtschafts- und Finanzpolitik versucht der Aufsatz, die Sichtweise des Bundesverfassungsgerichts aus einer ökonomischen Sicht zu konkretisieren und zu ergänzen. Hierbei ist insbesondere die realitätsferne Vorstellung, der zukünftige Finanzausgleich ließe sich unter einem „Schleier des Nichtwissens" losgelöst von den Partialinteressen der betroffenen Akteure rational gestalten, zu kritisieren.

Abstract

The German Supreme Court (Bundesverfassungsgericht) rules in its decision of November 11, 1999, that the actual regulations of the fiscal equalization system between the states are no longer compatible with the German constitution. Before this background the paper uses the findings of institutional economics to contribute to a better design of the fiscal equalization system. In order to arrive at policy solutions which will really be implemented, increased emphasis has to be put on (1) the interpretation of economic and fiscal problems as a result of conflicting interests, (2) the relevance of the status quo for the shaping of reforms, (3) the necessity of political consensus on the search for institutional alternatives, (4) the use of collective dilemmata as an analytical scheme to incorporate the actors incentives, and (5) the fact that path dependencies of institutional change exists. Based on these elements of an institutional approach to economic and fiscal policy the paper attempts to put in concrete terms and at the same time to complete the view of the „Bundesverfassungsgericht" from an economic perspective. Thereby especially the idea that the future fiscal equalization system can be designed rationally under a „veil of ignorance", refrained from the special interests of the relevant actors, is far from reality.

JEL-Klassifikation: H 70, D 74, D 78.

Studien zur Ordnungsökonomik

Herausgegeben von Alfred Schüller

Lucius&Lucius Verlags-GmbH, Stuttgart

(bis Heft Nr. 21: „Arbeitsberichte zu Ordnungsfragen der Wirtschaft)

Nr. 25: Gerrit Fey, Unternehmenskontrolle und Kapitalmarkt: Die Aktienrechtsreformen von 1965 und 1998 im Vergleich, 2000, ISBN 3-8282-0140-7, 83 S., 29,50 DM.

Nr. 24: Ludger Wößmann, Dynamische Raumwirtschaftstheorie und EU-Regionalpolitik: Zur Ordnungsbedingtheit räumlichen Wirtschaftens, Oktober 1999, ISBN 3-8282-0124-5, 105 S., 29,80 DM.

Nr. 23: Ralf L. Weber †, Währungs- und Finanzkrisen: Lehren für Mittel- und Osteuropa, Oktober 1999, ISBN 3-8282-0112-1, 42 S., 28,00 DM.

Nr. 22: Alfred Schüller und Christian Watrin, Wirtschaftliche Systemforschung und Ordnungspolitik: 40 Jahre Forschungsstelle zum Vergleich wirtschaftlicher Lenkungssysteme der Philipps-Universität Marburg, Oktober 1999, ISBN 3-8282-0111-3, 54 S., 19,80 DM.

Nr. 21: Alfred Schüller (Hrsg.), Kapitalmarktentwicklung und Wirtschaftsordnung, Juli 1997, ISBN 3-930834-04-9, 91 S., 24,80 DM.

Nr. 20: Sandra Hartig, Die westeuropäische Zahlungsunion: Ein Vorbild für Osteuropa?, Mai 1996, ISBN 3-930834-03-0, 76 S., 17,60 DM.

Nr. 19: Reinhard Peterhoff (Hrsg.), Privatwirtschaftliche Initiativen im russischen Transformationsprozeß, November 1995, ISBN 3-930834-02-2, 120 S., 24,80 DM.

Nr. 18: Helmut Leipold (Hrsg.), Ordnungsprobleme Europas: Die Europäische Union zwischen Vertiefung und Erweiterung, November 1994, ISBN 3-930834-01-4, 151 S., 19,80 DM.

Nr. 17: Helmut Leipold (Hrsg.), Ordnungsprobleme der Entwicklungsländer: Das Beispiel Schwarzafrika, Juli 1994, ISBN 3-930834-00-6, 37 S., 9,20 DM.

Nr. 16: Helmut Leipold (Hrsg.), Privatisierungskonzepte im Wandel, Juni 1992, ISBN 3-923647-15-8, 143 S., 19,20 DM. (vergriffen!)

Nr. 15: Zur Transformation von Wirtschaftssystemen: Von der Sozialistischen Planwirtschaft zur Sozialen Marktwirtschaft, Hannelore Hamel zum 60. Geburtstag, Juli 1990, 2. überarbeitete und erweiterte Auflage, Februar 1991, ISBN 3-923647-14-X, 192 S., 19,80 DM. (vergriffen!)

Nr. 14: Hannelore Hamel (Hrsg.), Soziale Marktwirtschaft: Zum Verständnis ihrer Ordnungs- und Funktionsprinzipien, April 1990, ISBN 3-923647-13-1, 57 S., 7,60 DM.

Nr. 13: Heinz Lampert, Theorie und Praxis der Sozialpolitik in der DDR, August 1989, ISBN 3-923647-12-3, 32 S., 6,90 DM. (vergriffen!)

Nr. 12: Hannelore Hamel und Helmut Leipold, Perestrojka und NÖS: Funktionsprobleme der sowjetischen Wirtschaftsreform und die Erfahrungen der DDR in den sechziger Jahren, Juni 1989, ISBN 3-923647-11-5, 63 S., 8,80 DM. (vergriffen!)

Nr. 11: Ordnungstheorie: Methodologische und institutionentheoretische Entwicklungstendenzen, September 1987, ISBN 3-923647-10-7, 168 S., 12,80 DM.

Nr. 10: Hannelore Hamel und Helmut Leipold, Wirtschaftsreformen in der DDR - Ursachen und Wirkungen, Januar 1987, ISBN 3-923647-09-3, 43 S., 7,40 DM.

Nr. 9: Alexander Barthel, Zum Problem der Unternehmenshaftung in der DDR, September 1986, ISBN 3-923647-08-5, 67 S., 8,90 DM.

Nr. 8: Unternehmensverhalten und Beschäftigung, mit Beiträgen von Volker Beuthien u.a., Juni 1985, ISBN 3-923647-07-7, 80 S., 9,00 DM.

Nr. 7: Alfred Schüller und Hans-Günter Krüsselberg (Hrsg.), Grundbegriffe zur Ordnungstheorie und Politischen Ökonomik, 4. Aufl., April 1998, ISBN 3-923647-06-9, 172 S., 15,40 DM.

Nr. 6: Alfred Schüller und Hannelore Hamel, Zur Mitgliedschaft sozialistischer Länder im Internationalen Währungsfonds (IWF), Oktober 1984, ISBN 3-923647-05-0, 25 S., 6,30 DM.

Nr. 5: Béla Csikós-Nagy, Liquiditätsprobleme und die Konsolidierung der ungarischen Wirtschaft, September 1983, ISBN 3-923647-04-2, 19 S., 4,20 DM.

Nr. 4: Karl von Delhaes, Zur Diskussion über die Funktion der Preise im Sozialismus, Januar 1983, ISBN 3-923647-07-4, 27 S., 4,20 DM.

Nr. 3: Hannelore Hamel, Helmut Leipold und Reinhard Peterhoff, Zur Reform der polnischen Unternehmensverfassung, Mai 1982, ISBN 3-923647-02-6, 68 S., 7,20 DM.

Nr. 2: Alfred Schüller, Produktionsspezialisierung als Mittel der Integrationspolitik im RGW, Oktober 1981, Nachdruck 1986, ISBN 3-923647-01-8, 46 S., 6,40 DM.

Nr. 1: Karl von Delhaes und Reinhard Peterhoff, Zur Reform der polnischen Wirtschaftsordnung, Juli 1981, Nachdruck 1985, ISBN 3-923647-00-X, 152 S., 10,50 DM.

In russischer Sprache:

Nr. 7RUS: Grundlagen der Marktwirtschaft: Verständnis und Konzeptionen in russischer Sprache, September 1993, ISBN 3-923647-16-6, 130 S., 18,50 DM.

Studien zur Ordnungsökonomik, Verlag Lucius & Lucius, Stuttgart

Ab Nr. 22 zu beziehen über den Buchhandel

Arbeitsberichte Nr. 1 – 21 und 7rus

zu beziehen über:  Marburger Gesellschaft für Ordnungsfragen der Wirtschaft e.V.

Barfüßertor 2 · D-35037 Marburg ·
Tel.: (06421) 28-23928 · 28-23196 · Fax (06421) 28-28974
E-mail: welsch@wiwi.uni-marburg.de
Internet: http://www.wiwi.uni-marburg.de/lokal/witheo2/fost/liste_ab.htm

Schriften zu Ordnungsfragen der Wirtschaft

Lucius&Lucius Verlags-GmbH, Stuttgart, ISSN 1432-9220

(bis Band 51: „Schriften zum Vergleich von Wirtschaftsordnungen")

Herausgegeben von
Gernot Gutmann, Hannelore Hamel, Klemens Pleyer, Alfred Schüller, H. Jörg Thieme

unter Mitwirkung von
Dieter Cassel, Hans-Günter Krüsselberg, Karl-Hans Hartwig, Ulrich Wagner

Band 64: *Helmut Leipold* und *Ingo Pies (Hg.)*
Ordnungstheorie und Ordnungspolitik: Konzeptionen und Entwicklungsperspektiven, 2000 (in Vorbereitung).

Band 63: *Bertram Wiest*
Systemtransformation als evolutorischer Prozeß: Wirkungen des Handels auf den Produktionsaufbau am Beispiel der Baltischen Staaten, 2000 (in Vorbereitung).

Band 62: *Rebecca Strätling*
Die Aktiengesellschaft in Großbritannien im Wandel der Wirtschaftspolitik: Ein Beitrag zur Pfadabhängigkeit der Unternehmensordnung, 2000, 270 S., 58 DM, ISBN 3-8282-0128-8.

Band 61: *Carsten Schittek*
Ordnungsstrukturen im europäischen Integrationsprozeß: Ihre Entwicklung bis zum Vertrag von Maastricht, 1999, 409 S., 74 DM, ISBN 3-8282-0108-3.

Band 60: *Peter Engelhard* und *Heiko Geue* (Hg.)
Theorie der Ordnungen: Lehren für das 21. Jahrhundert, 1999, 369 S., 69 DM, ISBN 3-8282-0107-5.

Band 59: *Thomas Brockmeier*
Wettbewerb und Unternehmertum in der Systemtransformation: Das Problem des institutionellen Interregnums im Prozeß des Wandels von Wirtschaftssystemen, 1999, 434 S., 74 DM, ISBN 3-8282-0097-4.

Band 58: *Karl-Hans Hartwig* und *H. Jörg Thieme* (Hg.)
Finanzmärkte: Funktionsweise, Integrationseffekte und ordnungspolitische Konsequenzen, 1999, 556 S., 79 DM, ISBN 3-8282-0094-X.

Bei Fragen zur Produktsicherheit wenden Sie sich bitte an:
If you have any questions regarding product safety,
please contact:

Walter de Gruyter GmbH
Genthiner Straße 13
10785 Berlin
productsafety@degruyterbrill.com